역사를 이끄는 지도자

국립중앙도서관 출판시도서목록(CIP)

역사를 이끄는 지도자 : 진리의 수호자, 지도자의 길
지은이: 박정원. — 고양 : 크리스챤연합신문, 2013
256p. ; 152x225cm

권말부록: 지도자에게 지혜를 주는 성경 말씀
ISBN 978-89-952472-9-7 03200 : ₩15000

기독교[基督敎]
종교 지도자[宗敎指導者]
리더십[leadership]

235.3-KDC5
253.2-DDC21   CIP2013028646

역사를 이끄는 지도자

1판 1쇄 인쇄 2014년 1월 24일
1판 1쇄 발행 2014년 1월 30일

지은이 박정원

발행인 지미숙
편집장 김민선
디자인 참디자인

펴낸곳 크리스챤연합신문
주   소 경기도 고양시 일산서구 주엽동 50번지 강선마을 6단지 상가 B03
이메일 cupress@hanmail.net
등   록 2001. 08. 31 / 제 300-2001-171호

ISBN 978-89-952472-9-7 03200

※ 책값은 뒤표지에 있습니다.

역사를 이끄는 지도자

진리의 수호자, 지도자의 길

Ⅰ

박정원 지음

크리스챤연합신문

우리들은 역사를 이끌어가는 지도자다. 나는 알파와 오메가가 되시는 하나님의 역사 안에 태어난 것을 감사한다. 그러나 짧은 시공의 삶 속에 흔적을 남기고 떠나가야 하는 인생살이를 몹시 아쉽게 생각해왔다. 하지만 성경을 통해 진실한 역사의 진리를 깨닫고 역사에 관심을 기울이게 되면서 그 난해한 의문에서 벗어날 수 있었다. 인류 역사를 이끄는 주역은 인간이라는 것을 깨닫고 진실과 거짓의 역사가 혼란스럽게 흘러가는 현장을 직시하게 되었기 때문이다.

성경을 통해 인류의 발자취가 바로 역사의 기틀이라는 것을 알고 나서 세상 역사가들의 편견과 기록들로 채워진 역사 안에서 맴돌고 있는 나 자신을 발견했다. 그리고 역사를 바라보는 진실한 눈과 지혜가 없으면 역사의 주관자 예수 그리스도의 세계를 이해하는 것이 어렵다는 사실을 깨달았다.

나는 일본의 침략 근성이 일으킨 제2차 세계대전과 6·25 전쟁의 비극을 목격했고 독재 정권 아래서 정보기관에 끌려가 매를 맞는 수난을 겪었다. 이를 통해서 정의와 복지를 내세운 지도자들의 야욕이 얼마나 많은 사람들을 고통스럽게 하는가 실감했다. 또한 영적 전쟁의 일선에 서 있는 교회들이 침체의 늪에서 허덕이는 것을 안타깝게 바라보았다. 역사를 이끄는 주역인 지도자의 사명과 책임이 역사의 향방을 좌우하고, 그것이 그리스도의 심판을 향해 달려가고 있다는 진리를 깨닫고 몸이 떨리는 것을 느꼈다.

나는 뒤늦게 목사가 된 다음 시골에 와서 농사를 지으며 농부 하나님의 마음을 체험하고 있다. 그 성령의 감동이 창조신학 연구로 이어지고 '하나님의 씨 뿌리는 우주 경영 법칙'이라는 창조신학 이론들을 탄생시켰다. 역사를 이끄는 지도자에게 주시는 이 비밀스러운 하나님의 우주 경영의 원리는 신앙생활과 모든 인생살이의 경영에 적용된다는 것을 발견했다.

나는 그림을 멋있게 그리거나 노래를 잘하는 재주는 없지만 보는 눈과 듣는 귀를 가지고 있다. 사업을 잘하여 큰 부자가 되거나 큰 교회에서 목회를 한 화려한 경력은 없다. 하지만 하나님의 음성을 듣고 말씀을 깊이 묵상하면서 지도자가 무엇을 어떻게 해야 하는지 교훈하고 이웃에게 진실한 상담자가 되어줄 수 있는 성령의 은사를 받았다.

요즘 나는 내 주변의 모든 지도자들에게 농부 하나님을 닮은 농부가 되어 실제로 농사를 체험해보라고 권유하고 있다. 이를 통해 '하나님의 씨 뿌리는 우주 경영 법칙'의 비밀을 깨닫고 사역에 적용하기를 바라는 마음에서다.

이 책은 하나님의 말씀에 뿌리를 두고 집필했다. 그것은 진리이기 때문이다. 이 세상의 모든 지도자들이 광활하면서도 신비한 영의 능력으로 충만한 우주를 바라보며, 마음의 문을 활짝 열고 역사 속에서 섭리하시는 하나님을 잘 알고 이해하며 멋지게 역사를 이끌어가는 지도자가 되기를 진심으로 기원한다.

　죄와 죽음의 세상에서 역사를 이끄는 지도자들의 앞길은 험난할 수밖에 없다. 하지만 하나님의 지도를 받으면 역사에 기록될 지도자가 되어 사람들의 칭찬을 들을 수 있을 것이다.

"그의 영광의 풍성함을 따라 그의 성령으로 말미암아 너희 속사람을 능력으로 강건하게 하시오며 믿음으로 말미암아 그리스도께서 너희 마음에 계시게 하시옵고 너희가 사랑 가운데서 뿌리가 박히고 터가 굳어져서 능히 모든 성도와 함께 지식에 넘치는 그리스도의 사랑을 알고 그 너비와 길이와 높이와 깊이가 어떠함을 깨달아 하나님의 모든 충만하신 것으로 너희에게 충만하게 하시기를 구하노라 우리 가운데서 역사하시는 능력대로 우리가 구하거나 생각하는 모든 것에 더 넘치도록 능히 하실 이에게 교회 안에서와 그리스도 예수 안에서 영광이 대대로 영원무궁하기를 원하노라 아멘"(엡 3:16~21).

| 차례 |

머리말 • 5

프롤로그 왜 지도자가 중요한가? • 11

제1부 역사를 이끄는 지도자는 누구인가?

01 | 모든 인간은 지도자의 자격을 갖고 있다 • 21
02 | 세상 지도자들의 현주소 • 25
03 | 세속적 지도자로 인한 피해 • 34
04 | 법의 숲을 헤쳐나가는 지도자 • 40
05 | 진리의 중심에서 이탈한 종교의 병폐 • 46

제2부 지도자는 무엇을 하는 사람인가?

01 | 인간은 역사 연출의 주역이다 • 59
02 | 성경에 나타난 지도자의 모습 • 62
03 | 역사를 이끌 지도자를 부르시는 하나님 • 75
04 | 제왕이 군림하는 왕정 시대 • 88

제3부 영적 지도자를 찾으시는 하나님

01 | 세속을 향해 변질되어 가는 교회의 현실 • 99
02 | 방황하는 신학에 덩달아 신음하는 교회 • 114
03 | 신학과 신앙의 갈등으로 갈라진 교회 • 131
04 | 헛된 꿈과 무지개로 진실을 왜곡하는 지도자 • 134
05 | 십자가가 사라진 교회 • 146
06 | 빛을 찾아 방황하고 있는 기독교 언론 • 150
07 | 지도자의 목적이 비전이 되고 있는 엇박자 현실 • 155

08 ｜ 제 갈 길을 찾기에 바쁜 교회 지도자들 • 158
09 ｜ 영웅심에 눈이 어두워진 삯꾼 지도자 • 164
10 ｜ 방향을 잃은 삯꾼 지도자에게 보내는 경고 • 169
11 ｜ 하나님의 역사 안에서의 지도자 • 178
12 ｜ 역사를 이끄는 지도의 원리 • 182

제4부 지도력보다 중요한 것은 없다

01 ｜ 지도자가 갖추어야 할 조건 • 189
02 ｜ 지도자는 사랑의 전도자다 • 199
03 ｜ 조직 문화를 창출하는 지도자 • 203
04 ｜ 지도자에게 맡겨진 달란트 • 206
05 ｜ 사랑을 영농하는 지도자가 얻을 영광의 면류관 • 210

제5부 지도자들이여 생명의 빛을 발하라

01 ｜ 하나님께 돌아가는 우주의 비밀에 참예하는 지도자 • 215
02 ｜ 만인제사장의 시대 • 224
03 ｜ 한국 지도자에게 주어진 사명 • 227
04 ｜ 거룩한 성 새 예루살렘을 건설하라 • 235
05 ｜ 지도자가 가야 할 길 • 243

부록 ｜ 지도자에게 지혜를 주는 성경 말씀 • 247

왜 지도자가 중요한가?

여호와여 주의 도를 내게 보이시고 주의 길을 내게 가르치소서 주의 진리로 나를 지도하시고 교훈하소서 주는 내 구원의 하나님이시니 내가 종일 주를 기다리나이다(시 25:4~5).

인류 역사는 웅장하고 복잡하며 희비가 엇갈린 드라마의 현장이다. 모든 사람은 각기 생명과 죽음의 뜻이 교차하는 미묘한 인생 드라마의 주연으로 역사라는 흔적을 남기며 미지로 달린다. 역사를 인식하고, 생명의 절대성을 깨달으며, 삶을 개척해나가며 역사를 장식하고픈 욕망이 넘치고 있다. 인격과 개성을 갖고 철학, 사상, 과학, 문화를 만들어내면서 역사의 주역이 되려고 발버둥을 치고 있는 것이다. 역사라는 드라마의 거대한 무대에서 누구보다 더 멋지게 인생을 연출해서 이름을 역사에 길이 빛내고픈 욕구는 당연하기도 하다.

인류 역사는 이러한 개개인이 모여 만들어나가는 우주 생존의 법칙을 표현하는 시공간의 흔적이다. 인류는 오랜 동안 집단생활을 하며 자연과 싸우는 험난한 역경 아래서 생존의 경험과 전통으로 역사를 이루어왔다.

공동의 번영을 위해 방어하고 보존해야 할 필요와 평안한 삶의 목적 달성을 위해 모든 사람이 아울러 공동생활을 추구하면서 그 결합체인 사회를 형성해왔다.

많은 사람들이 모여 사는 사회에는 무리의 법칙이 생긴다. 인간들이 조직을 경영하는 곳에는 정치가 필요하다. 정치는 흩어지려는 사람들을 모으고 다스리며 행복하게 만들어주는 기술이다. 조직 생활을 하는 사람들은 한정된 삶의 연속에 매여 살아가는 인생의 약점을 보완하고 지속된 역사에 활력을 불어넣는 지도자를 갈망하게 된다.

다수의 연약함이 지도자를 원하게 되고 유능한 사람이 선두에 서서 집단을 이끌어주기를 바란다. 인간 조직은 인격적인 협약 노력의 수단이다. 극대의 효과를 얻기 위해 지도자는 조직원들에게 최대의 책임을 수행할 것을 강요한다. 지도력은 예술이며 기술이라는 것을 망각하거나 자기의 적성을 무시하고 재능이나 힘을 의지해 강압적으로 밀고 나가는 지도자들은 결국 비극으로 끝난다.

지도자는 정치를 하는 사람이다. 정치를 하려면 통치술이 필요하다. 모임, 집단의 통치를 위해서는 그에 해당하는 법을 만들게 된다. 정치적 통치를 위해 불가결하게 만드는 법은 권력을 수반한다. 권력에는 강제성이 따르고 불복종에 대한 징계가 필요하고 형벌과 상급이 필수적이다. 정치적 지도자에게는 막강한 권위가 주어지면서 지시하고 강제하는 습성이 생기기 마련이다.

많은 사람들은 공통의 이익을 추구하면서도 각 개인의 의사와 자유를 존중해주기를 바란다. 하지만 조직의 지도자는 공동의 목적 달성을 위한 책임자로서 소수의 의견을 무시하기 쉽다. 또 자기의 주장을 관철하고픈 욕망에 빠지기 쉽고, 법을 앞세운 힘으로 조직을 움직이며 조직원들을 노예화하려 한다. 이러한 부득이한 사정은 지도자를 독재자로 만든다. 독재자는 내가 어찌할 수 없는 호랑이의 등을 타고 날뛰는 사람이 되고 호랑이는 배고픔을 참지 못하는 포식자가 되어 재물을 탐낸다. 그래서 정치적 통치자는 조직 운영을 위한 재물을 탐하면서 신뢰가 떨어지고 사랑과 법을 무시하는 폐단이 따른다. 이들에게는 추종자만 있을 뿐 진실한 친구가 없다.

인간은 영혼과 개성이 각각이지만 조직에 인생을 위탁하려는 동물적인 습성을 지니고 있다. 그리고 우두머리가 되고자 하는 근성이 강력하다. 지배자인 생산자와 피지배자인 소비자의 습성을 어찌하지 못하고 살아간다. 이런 본능적 잠재의식은 죄의 성질에서 나오고 어떤 조건 아래서 통제할 수 없는 상황을 표출하게 만든다. 그래서 모든 조직에는 권력 투쟁이라는 암초가 도사리고 있다.

자칫 지도자는 희망을 파는 장사치로 전락할 수 있다. 대중을 통솔하는 것은 모험이며 위험 부담이 높지만 그것을 신의로 보충해야 하기 때문이다. 신의는 충성을 유발하지만 복종시킬 수는 없다. 물이 탁하면 물고기가 달아나고 정치가 가혹해지면 백성이 흩어지는 것과 같다. 그래서 혹자들은 "정치가는 줄타기를 하는 곡예사와 같다"고 말한다. 지도자의 자리는 항상 거센 바람이 불며 흔들리기 마련이고 일단 추락하면 산산조각이 나고 만다.

권력을 쥔 지도자에게는 참자유가 없고 항상 대중의 관찰 대상이 되어 구설수에 오르게 된다. 지도자들은 대중이 작은 거짓말에는 민감하게 반응하면서도 큰 거짓말에는 둔감하다고 착각하기 쉽다. 그리고 남의 빵을 더 크게 보고 속앓이를 하는 약점을 지니고 있다.

조직 경영은 성취는 어려워도 망치기는 쉽다. 명성을 얻기는 힘들어도 추락하기는 순간이기도 하다. 지도자가 부패하는 것은 쉬워도 정의를 구현하기는 어렵다. 성취욕에 눈이 멀고 무의식과 안일함과 분별없는 타성은 작은 불똥이 큰 불로 번지는 것과 같다.

지도자는 어떤 위치에서든 인류를 위한 책임을 떠맡은 사람이라는 것을 인식해야 한다. 지도자 개인의 목표를 조직의 목표와 조화시키는 능력자가 되어야 한다. 때로는 인류 역사를 바른 길로 인도하는 좋은 지도자도 나타나지만 사람들을 극심한 고통의 구덩이에서 몸부림치게 하는 옳지 못한 지도자가 나타나기도 한다. 많은 사람들을 행복과 고난의 미로에서 헤매도록 하고 있는 것이다. 하지만 우리는 의로운 지도자와 불의한 지도자를 식별하고 선택할 지혜가 부족하다. 그것은 지나간 역사를 통해서만이 지도자의 업적을 평가할 수 있기 때문이다.

리더십의 중요성은 철학과 과학 그리고 문화와 산업의 발달에 크게 공헌하고 있지만 지능화, 광역화, 장기화하려는 부작용으로 인해 독선·독재 등 폐단으로 나타나는 경우가 많아 이를 예방하기 위한 제도와 법적 장치의 필요성이 더욱 강조되고 있다.

이제 우리는 인류 역사의 현장에 서서 죄악으로 얼룩진 역사의 진실한 발자취를 돌아보며 어떻게 정의로운 역사를 펼쳐 나아가야 할지 진지하게 생각해야 한다.

이 책에서는 하나님의 지도자를 향하신 뜻을 따라 성경 말씀을 주제로 삼고 지도자를 위한 지도력의 개발, 교훈, 지혜를 제공하고 있다. 역사를 섭리하시는 창조주 하나님을 알지 못하고서는 인생을 생각할 수 없고 또 역사를 이끌어가는 지도자의 존재와 필요성을 깨달을 수 없기 때문이다.

모든 지도자는 창조주 하나님의 진실한 역사 안에서 역사를 위해 일하고 있는 사람이라는 것을 알아야 한다. 그러므로 하나님의 영감으로 기록된 성경을 마음에 새기고 갈 길을 지도받아야 할 것이다.

성경, 진실한 인류 역사의 기록

> 모든 성경은 하나님의 감동으로 된 것으로 교훈과 책망과 바르게 함과 의로 교육하기에 유익하니 이는 하나님의 사람으로 온전하게 하며 모든 선한 일을 행할 능력을 갖추게 하려 함이라(딤후 3:16~17).

진실한 역사의 흐름과 인류 역사를 이끌어온 지도자들의 발자취를 돌이켜보려면 성경을 통해 바라보는 것이 가장 정확하다. 인간이 기록한 역사는 이해 당사자들의 편견이나 일반적인 기록에 의하거나 단편적인 것이 많기 때문이다. 성경에 기록된 인류 역사는 하나님의 뜻에 의해 영감으로 기록한 확실한 사실들이다. 하나님의 뜻을 계시하고 사랑의 말씀을 들려주는 성경은 역사를 통해 구원의 은혜를 체험하게 하는 생명의 책이다. 그러므로 성경에서 창조주 하나님의 섭리와 인류 역사의 실상을 찾아 이해하고 다가올 미래를 바라보는 것이 바람직하다.

성경은 인류 역사의 흐름을 진솔하게 밝혀주고, 알파와 오메가가 되시는 창조주 하나님의 뜻(질서와 인류 구원)과 그 섭리를 명확히 제시하고 있다. 기독교는 역사를 통해 인간의 죄악과 죽음, 고통으로부터 인류를 구원하시는 하나님의 사랑을 체험하며 온전한 생명과 진리를 깨닫게 하고 있다. 이는 세상의 사상, 신학, 철학, 과학 등의 학문으로는 깨달을 수 없는 신비한 영의 세계를 통해 구원의 기적을 이루시는 하나님의 역사를 밝혀주고 있는 것이다.

거룩한 책 성경은 영이신 하나님이 말씀으로 온 우주를 창조하시고 영과 육을 다스리신다고 설명한다. 그리고 하나님을 닮아 영혼의 존재인 인간은 우주의 청지기이자 제사장으로서 생육하고 번성하며 땅을 지배하는 사명이 있다고 증언한다.

인류 역사의 주인이신 예수 그리스도의 세계 안에서 활동하는 지도자는 기이한 구원의 은혜로 육적 삶에서 영적으로 거룩하게 변화한 성도라고 밝히고 있다. 그 반면에 하나님을 떠나 세상의 권세를 잡은 마귀의 지배 아래서 활동하는 세속의 지도자를 육적 지도자라고 부른다. 분명한 것은 하나님을 믿고 그리스도의 일을 하는 영적 지도자나 하나님을 거부하고 세상 일을 하는 육적 지도자나 다 같이 인류의 평화와 안녕과 번영을 이끄는 지도자라는 것이다. 그 지향하는 목적은 같으나 역사의 과정에서 행한 맡겨진 사명과 책임과 의무의 결과는 역사의 판단과 우주적인 심판을 받는다는 것이다.

성경은 하나님의 성령이 영적 지도자와 함께하시며 지혜를 주고 보호하신다고 설명한다. 하지만 세속의 지도자는 자신의 미숙한 지식과 능력을 의지하며 여전히 육의 세계 안에서 머물 수밖에 없다고 알려주고 있다.

모든 지도자는 하나님의 뜻으로 만들어진 피조물로서 하나님의 법에 따라 지도자 역할을 하고 있지만 각기 주어진 사명과 책임이 다르다. 모든 지도자는 기본적인 자질과 확실한 목적을 갖고, 근본적인 조직을 이끄는 능력을 튼튼히 하고 맡겨진 사명을 감당하는 것이 마땅하다. 하지만 많은 지도자들의 역사적 발자취를 더듬어보면 태반이 독재적인 행적을 보였다. 또 말년에 시행착오와 실패로 좌절하거나 세상의 호된 비난을 사고 오명을 남기기도 했다.

참된 인류 역사의 지도자, 예수 그리스도

또한 지도자라 칭함을 받지 말라 너희의 지도자는 한 분이시니 곧 그리스도시니라 너희 중에 큰 자는 너희를 섬기는 자가 되어야 하리라(마 23:10~11).

어떤 세속 지도자는 예수 그리스도와 성경이 나와 무관하며 내 능력과 지도력으로 잘 감당할 수 있다고 주장을 한다. 하지만 인간이 생명과 죽음의 법, 대자연의 법, 전통과 도덕, 관습, 영혼의 법에 매여 살 수밖에 없는 인생의 심오한 비밀을 깨닫는다면 예수 그리스도의 세계 안에 감춰진 진실을 인정하고 받아들이고 따르는 것이 마땅하다.

이 세상에서 온전하신 지도자는 오직 한 분, 예수 그리스도뿐이시다. 진리와 생명의 길로 인도하시는 예수 그리스도께서는 모든 사람을 하나님의 사랑의 뜻에 순종하며 충성하는 제자로 부르셨다. 말씀으로 오신 지도자 예수 그리스도께서는 신비로운 말씀과 성령의 법으로 지도하시고 계신다.

지도자는 성령과 생명의 법을 우선순위로 하여 옳은 것과 진리를 바라보는 지식을 가져야 한다. 또한 하나님을 믿지 않거나 성경 말씀을 잘 모르는 세상 지도자라 할지라도 말씀 안에 감춰진 비밀스러운 보물을 캐내어 많은 유익을 얻으려고 노력해야 한다. 이 세상을 사랑하시는 하나님은 영과 육을 가리지 않고 모든 지도자들이 그리스도의 진리 안에서 맡겨진 사명을 잘 감당하기를 원하시고 계시기 때문이다.

모든 지도자들은 편견을 버리고 자신의 무거운 짐을 십자가 아래 내려놓아야 한다. 나의 생명을 구원하시는 예수 그리스도의 심오한 비밀에 다가가 후회가 없는 멋진 지도자의 자리에 우뚝 서서 하나님의 생명

책에 기록되기를 소망해야 한다.

지도자의 역할은 인간이 인간답게 살아갈 수 있도록 인도하는 것이며, 영육의 분리는 그 사람의 영적 문제일 뿐이다. 성경만이 무엇이 참다운 인간으로 살아가는 것인가 하는 문제의 해답을 줄 수 있기 때문이다. 역사에 남을 위대한 지도자가 되기를 원하는 사람은 그리스도 안에서 그 해답을 찾아야 한다.

이 세상의 모든 지도자는 역사적 현실을 직시해야 한다. 사람들의 문화가 죄악으로 오염되면서 정치·경제의 질서가 어지러워지고, 자살자가 늘어나고, 테러 등 살상과 전쟁이 빈번해지고 있다. 또 무더위, 폭설, 지진해일 등 끔찍한 자연재해가 꼬리를 물고 발생하고 있다. 사람들은 이런 현상을 보면서 말세가 가까워졌다며 두려워하고 불안해한다. 그리고 바르게 인도해줄 지도자가 나타나기를 간절히 고대한다.

성경은 "여호와를 경외하는 자 누구냐 그가 택할 길을 그에게 가르치시리로다 그의 영혼은 평안히 살고 그의 자손은 땅을 상속하리로다 여호와의 친밀하심이 그를 경외하는 자들에게 있음이여 그의 언약을 그들에게 보이시리로다"(시 25:12~14)라고 기록하고 있다. 지도자로 나선 사람은 역사와 사람들에게 아름답게 그 이름이 기억될 업적을 남겨야 한다. 사랑의 지도자로서 다시 만나고픈 지도자가 되어야 한다. 악한 세상에서 그릇된 것을 과감하게 뿌리치고 진실한 마음으로 조직을 이끌고 온전한 지도자 예수 그리스도의 칭찬을 듣는 지도자의 길을 가야 한다. 마음의 문을 활짝 열고 성경 안에 감춰진 교훈과 충언에 겸손히 귀를 기울이고 진리를 배우며 인류 역사를 멋지게 장식해나가야 할 것이다.

역사를 이끄는 **지도자**는 누구인가?

01

모든 인간은 지도자의 자격을 갖고 있다

여호와여 주의 도를 내게 보이시고 주의 길을 내게 가르치소서 주의 진리로 나를 지도하시고 교훈하소서 주는 내 구원의 하나님이시니 내가 종일 주를 기다리나이다(시 25:4~5).

온유한 자를 정의로 지도하심이여 온유한 자에게 그의 도를 가르치시리로다 여호와의 모든 길은 그의 언약과 증거를 지키는 자에게 인자와 진리로다(시 25:9~10).

여호와를 경외하는 자 누구냐 그가 택할 길을 그에게 가르치시리로다 그의 영혼은 평안히 살고 그의 자손은 땅을 상속하리로다 여호와의 친밀하심이 그를 경외하는 자들에게 있음이여 그의 언약을 그들에게 보이시리로다(시 25:12~14).

집단생활을 하면서 등장한 지도자

영이신 하나님은 말씀으로 우주를 창조하셨다. 창조 마지막에 육신을 입은 인간을 만드시고 생육하고 번성하며 땅을 다스리는 청지기로 임명하셨다. 하나님은 인간에게 우주의 관리자로서 꼭 필요한 지성, 이성과 함께 자유의지라는 멋진 능력을 주셨다.

사람들은 신비하고 아름다운 자연을 보며 선하고 착하게 살기를 원했다. 시공을 싣고 달리는 역사를 인식하며 그 비밀을 찾아 알려고 노력했다. 또 각기 주어진 생활환경 안에서 안락한 삶의 축복과 영생을 소망하며 살려고 했다. 하지만 인간은 우주 만물을 다스리기에는 역부족이라는 것을 자각하게 되었다. 대자연의 온갖 풍수해와 재난에 혼자의 힘으로 맞서지 못하고 사나운 사자 등 맹수들의 공격에 전전긍긍하며 살아가야 했다. 독수리처럼 하늘 높이 날 수 있는 날개가 없고, 치타처럼 힘차고 빠르게 달리지 못하며, 물고기처럼 깊은 바다를 수영하지도 못하는 연약한 존재라는 사실을 깨닫게 된 것이다.

하나님의 형상을 닮은 인간들은 세상에서 번성하고 땅을 정복하려면 사회적 조직의 힘이 있어야 하고 조직을 이끌어줄 지도자가 필요하다는 것을 알게 되었다. 또한 지도자는 우주를 다스리는 무리의 책임자이자 인류 역사를 엮어나가는 지도자가 된다는 것을 확인했다.

영혼을 가진 인간은 종교 심성을 지니고, 생육하기 위해 집단생활을 한다. 그리고 문명을 발전시키고 문화를 만들며 문화를 먹고 살면서 땅에 충만하게 하는 전통을 만들어간다. 이런 생명의 목적은 지도력으로 나타나 땅을 정복하는 원동력이 되고 있다.

종교와 문화는 인간의 삶의 밑천이며 인생관의 뿌리가 되고 역사를 이끌려는 사명감이 되어 지도자로 나서고 싶은 욕망으로 나타난다.

조직의 형성과 지도자

인간들은 조직 문화인 무리의 법칙에 따라 살면서 역사를 엮어나가기 위해 지도자를 세우고 역사의 효율성을 극대화하려고 한다. 사람들은 두세 사람이 모이면 그중 한 사람은 지도자가 되어 모인 사람들을 이끌며 살아가려는 본성을 갖고 있다. 인간 사회의 기초가 되는 가정의 대표인 남편은 가장으로서 생활을 책임지는 지도자가 되고, 내조하는 아내는 자녀 양육을 맡은 지도자가 된다. 가문이 번성하면 종손 어른이 집안의 지도자가 되어 질서와 평화를 위한 법과 전통을 만들어 대물림을 한다.

가문이 번성해서 부락이 커지면 족장이 지도자가 되고, 더 나아가 민족을 형성하면 보다 더 강력한 지도자가 세워진다. 또한 인간 사회의 구성을 위한 제도에 따라 국방을 위한 군대 조직, 인간 생활의 편의를 위한 행정기관, 문화 활동을 위한 여러 모임과 교육기관 등 인간이 살아가는 데 필요한 조직이 형성된다. 그리고 그 조직을 이끌 지도자가 세워져 사회 활동을 원활하게 한다. 또 지경을 넓히고 국가가 세워지면 나라와 역사를 이끌 정치적 지도자인 왕이나 대통령 등이 세워지고 그 자리는 막강한 권력과 명예가 주어지고 선망의 대상이 되기도 한다.

그래서 많은 사람들은 역사에 크게 기여하는 큰 지도자가 되기를 선호한다. 큰 권력을 쥔 지도자는 역사의 주역처럼 보이고 그의 강요를 필요로 하며 따르는 민중은 역사가 만드는 조직 문화의 조연처럼 보이기도 한다. 지도자 직분은 모든 인간들이 공유하는 능력으로서 역사와 삶 속에서 크고 작은 일을 할 수 있는 축복이다. 하지만 죄와 죽음과 고통에 내몰리고 있는 인간은 지도자가 누릴 축복을 망각하고 거짓에 놀아나며 역사 안에서 방황하고 있다.

모든 사람은 역사의 주역이다

모든 인간은 다 지도자가 될 자격이 있고 어떤 상황에 따라 지도자로 나서야 할 역사적 책임이 있다. 이 비밀은 하나님을 믿는 사람이나 불신자나 똑같이 적용된다. 영적·육적 삶의 조건에 상관없이 고루 나누어져 있는 지도자의 사명을 뜻한다.

인간들은 영원한 시간의 흐름 속에 사라진 과거의 기억을 바탕으로 현재의 순간 속에서 인생을 연출하며 미래로 불안하게 달려가고 있다고 자책을 한다. 그래서 아름답고 평화스러운 삶을 위해 역사의 수레바퀴를 원활하게 움직여줄 지도자를 찾고 있다. 그리고 역사의 주역이 되기를 원하면서도 역사 문화의 틀에서 자유를 찾으려는 마음으로 역사의 방랑자가 되기를 서슴지 않는다.

이제 세상의 종말이 임박하고 다시 오실 구세주 그리스도를 맞이할 징조가 세계 곳곳에 나타나고 있는 이때 우리는 지도자로서의 정체성을 회복하고 충성하는 자리로 돌아가 역사를 멋지게 장식하고 마무리해야 할 것이다.

02

세상 지도자들의 현주소

마음의 경영은 사람에게 있어도 말의 응답은 여호와께로부터 나오느니라 사람의 행위가 자기 보기에는 모두 깨끗하여도 여호와는 심령을 감찰하시느니라 너의 행사를 여호와께 맡기라 그리하면 네가 경영하는 것이 이루어지리라 여호와께서 온갖 것을 그 쓰임에 적당하게 지으셨나니 악인도 악한 날에 적당하게 하셨느니라(잠 16:1~4).

시대가 영웅을 만든다?

이 세상을 만드시고 역사의 수레바퀴를 주관하시는 하나님은 지도자를 통해 인간들이 역사의 흐름을 타고 살아가도록 섭리하셨다. 지도자는 작은 구멍가게의 주인, 여러 직장의 사장으로부터 판검사, 국회의원, 대통령에 이르기까지 다양하지만 그 소임과 책임은 모두 같다. 사회 조직의 고유한 위치에서 일부분을 감당하며 유기적인 협력을 하지만 제각기 업적을 역사에 남기려는 야욕이 강하다. 하지만 인간들은 식량 확보와 안보, 질서 유지를 위해 원만하게 이끌어줄 지도자가 필요해 지도자를 세우고도 불안한 마음을 갖고 지도자의 업적을 주의 깊게 감시하고 있다.

"시대가 영웅을 만든다"는 속담처럼 역사를 이끌어왔던 지도자의 발자취를 더듬어보면 태반이 역사의 흐름을 바꿔보려는 영웅심에 불타 역사를 자기 취향대로 기록하려는 욕망에 사로잡혀 있었음을 볼 수 있다. 이런 현실은 앞으로 우리가 선택해야만 하는 지도자의 생각과 결심을 가늠해볼 수 있게 한다. 지도자는 자신이 감당할 막중한 사명과 책임을 자각해야 할 것이다.

지도자들의 업적을 보면 태반이 그릇되었고, 역사에 남을 정도로 칭찬을 듣는 지도자는 극히 적었다. 자신의 좁은 역사관에 뿌리 둔 지식과 능력으로 정의에 이르려 하고, 자기의 고집에 대중이 따르기를 원하기 때문이다. 간혹 좋은 평판을 듣는 지도자가 있다고 해도 그의 삶의 실정과 속내를 들여다보면 실망시키는 경우가 적지 않다. 정의와 합리성을 내세우는 정치 지도자들도 자기 사상을 강요하고 개인의 자유를 억제하며 행동 통일을 위해 강력한 목표를 설정하고 추진하며 폭정을 일삼는 경우가 많았다.

역사책에 정확히 기록되지 않고 있는 고대의 지도자에 대해서는 고고학의 연구로 어설프게 파악을 할 수 있고 시작과 초기의 역사는 전설과 구전, 신화로 알 수 있을 뿐이다. 남미의 마야 문명, 중국의 황하 문명, 조선의 단군 신화, 유럽 각국의 건국 전설 등은 고대의 지도자에 의해 역사가 진행되어왔다는 것을 엿보게 할 뿐 진실을 알기 어렵다.

역사를 이끌어온 수많은 지도자 중에서 인류의 발전에 크게 기여한 사람과 역사를 왜곡시켰던 사람들을 간추려 살펴보자.

이집트의 피라미드

BC 2600여년, 이집트의 왕조는 왕이 죽어도 그 영혼은 살아 있다고 믿었다. 그래서 왕의 영혼이 영원히 멸하지 않기를 바라는 마음에 거대한 무덤인 피라미드를 만들었다.

삼각형 모양의 피라미드는 이집트의 나일 강 우편에서 사막에 이르는 지역에 위치한 왕과 왕족들의 무덤으로서 지금도 80여 개가 남아 있다. 피라미드는 이집트의 제3왕조 제세르 시대에 10만 명의 노예들을 3개월 교대로 20년간 동원하여 건설한 것이다.

피라미드의 모양을 보면 대개 63미터의 정방향 지형에 28미터의 제실을 파서 미이라를 매장하고 그 위에 길이 109미터, 너비 125미터의 바닥에 높이 62미터에 평균 2.5톤의 돌 230만 개를 6~8단으로 쌓아올려 만들었다. 내부에는 미로를 만들고 죽은 왕이 하늘로 올라가는 길도 만들었다고 한다. 큰 돌을 운반하고 땅을 팔 기계나 기술이 없던 고대에 피라미드는 혹독한 채찍질에 시달리며 죽은 수많은 노예들이 뿌린 피 위에 세워졌다.

지금 우리는 위대한 문화유산이라고 감탄하고 있지만 한 지도자의 욕망이 빚은 참혹한 역사의 비극 앞에 희생된 많은 사람들을 마음에 새겨보아야 한다.

시황제, 거대한 중국 통일의 역사

진시황(BC 259~210년)은 중국을 처음으로 통일시킨 위대한 왕이었다. 중앙집권제로 다스리고, 외침에 대비해서 북방에 만리장성을 쌓았다. 아방궁을 만들어 호사를 누렸고, 강력한 통치를 위해 모든 민간의 지식을 금기하면서 농사, 의술, 점술 책만 남기고 모든 서적을 태워버리기도 했다. 진시황은 열세 살에 등극한 후 불로장생할 것을 강력히 바라면서 불로초를 찾는 등 신선 사상에 관심이 많았다. 그러나 결국 쉰 살에 죽음을 맞이했다.

진시황은 생전에 자기 무덤을 조성할 것을 계획해두었다. 길이 350미터, 높이 76미터의 거대한 왕릉을 조성하고 그 위에는 나무를 심어 알아보지 못하게 했다. 진시황의 무덤보다 더 유명한 것은 병마의 무덤이다. 시황제는 자기가 죽은 다음에도 시중을 들고 지켜줄 신하들을 거느리려고 가까운 곳에 병마의 무덤을 만들었다. 너비 62미터, 길이 230미터의 땅굴에 군사 8,000명, 군마 5,000필 전차 130대를 열한 줄로 도열시키고 묻어 자기 명령을 기다리게 했다. 진시황은 자기 무덤에도 심복과 신하들 수백 명을 생매장시키기도 했다. 이 거대한 역사에는 39년에 걸쳐 70여만 명의 사람들이 동원되었다고 한다. 한 독재자의 뜻에 따라 빚어진 역사의 현장인 만리장성과 무덤 만들기에 강제 동원되어 뿌려진 많은 사람들의 피의 절규가 위대한 문화유산이라는 명분을 넘어 지금도 우리에게 들리고 있다.

로마 제국, 기독교 박해로 얼룩진 지도자의 말로

로마 제국은 BC 1000년경 로물루스에 의해 건국되었다. 로마 제국은 고대 유럽의 태반과 아프리카 북부, 아시아 일부 국가를 점령했다. 로마 제국은 폼필리우스 등에 의해 공화정치가 펼쳐지고 민회에 의해 선출된 왕이 통치하고 호민관 제도와 독특한 로마법을 만들었다. 세계의 모든 길은 로마로 통한다는 속담이 생길 정도로 번성했다.

BC 37년 세계의 중심 국가로 군림하던 로마의 황제 네로는 집권 초기에는 선정을 베풀었으나 점차 난폭해지면서 자기의 뜻을 거스르는 어머니와 처를 죽이고 만년에는 스승 세네카도 죽이는 등 폭정을 일삼았다. 네로 황제는 로마 시내에 큰 화재가 발생하고 그 책임이 자기에게 있다는 소문이 나돌자 그 혐의를 예수 그리스도의 복음을 따르는 그리스도인들에게 뒤집어씌우며 큰 박해를 강행하고 학살했다. 그러나 결국 네로는 원로원에서 버림을 받고 자살하고 말았다.

칭기즈 칸, 초원을 달린 침략의 말굽 소리

가난한 환경에서 말을 타고 달리기를 좋아했던 몽골의 시골 소년 테무친은 BC 1189년 몽골 제국을 창설하면서 강성하다는 의미의 이름인 칭기즈 칸으로 추대되었다. 몽골의 위대한 지도자 칭기즈 칸은 신분의 벽을 타파하고 철저히 능력 위주로 조직을 움직였다. 몽골 고원의 패권을 장악하자 그 위세를 몰아 유럽의 일부와 중국의 금나라 만주를 침공했다. 초원을 군마의 거친 말굽 아래 정복했던 칭기즈 칸은 정복욕만 앞섰을 뿐 점령한 민족과 나라의 문화, 종교, 전통을 무시했고 피정복자들을 포용하는 정책이나 식민지화시키는 일에는 소홀했던 것 같다. 칭기즈 칸의 잦은 침략으로 골머리를 앓던 중국에 급기야 국론 통일과 만리장성을 쌓고 대비하는 기회를 주기도 했다.

나폴레옹 보나파르트, 유럽의 풍운아

프랑스 코르시카의 부유한 집안에서 태어난 나폴레옹은 프랑스 사관학교를 졸업하고 포병 장교가 되었다. 연상의 조제핀과 결혼한 나폴레옹은 1799년 쿠데타에 참가하고 프랑스 혁명의 주체가 되어 큰 공을 세우며 정치가로 나섰다. 사회 안정화 정책을 펴고 교육 제도의 재정비와 재정과 종교의 혁신으로 정권을 강화하고 종신 통령으로 추대되었다가 1802년에는 황제의 위에 올랐다.

나폴레옹은 경찰 및 군사력에 의존하는 독재자로 변신하면서도 전제 제정주의를 자유주의화하려고 노력하기도 했다. 하지만 그는 권력 유지를 위해 대불 동맹국들과 전쟁을 일으키고 오스트리아, 이탈리아, 폴란드 등 주변 국가를 속국으로 만들었다. 1812년 러시아를 굴복시키기 위한 원정에서 패배한 나폴레옹은 그 타격으로 2년 후 황제에서 물러나 엘바 섬에 유배되었다. 하지만 정복자의 꿈을 버리지 못하고 일부 추종자들과 엘바 섬을 탈출하여 파리에 돌아왔으나 패전하여 백일천하의 비극을 맛보았다.

초원 끝에 걸려 있는 무지개를 보고 달리면서 원대한 꿈을 꾸었던 소년은 영웅 나폴레옹이 된 후 한때 신부들과 '하나님이 계시느냐' 하는 문제로 토론을 하기도 했지만 다시 세인트헬레나 섬에 유배되고 그곳에서 쓸쓸히 병들어 죽었다. 칭기즈 칸과 나폴레옹은 당초 좋은 뜻을 품고 독재자가 되었지만 살인의 명수라는 오명을 남겼다.

아돌프 히틀러, 독일의 영광을 열망한 파시스트

1889년 오스트리아에서 태어나 빈에서 날품팔이를 했던 히틀러는 제1차 세계대전 후 노동자당을 이끌고 1933년 총선거에서 승리했다. 그 후 맹렬한 우월주의자가 되어 나치스 정권을 세웠다. 성장 과정에서 유대인 혐오자가 된 그는 공산주의를 싫어했고 그들과 싸우는 정치 투쟁을 '십자군 전쟁'과 같은 성전으로 생각했다. 제2차 세계대전을 일으킨 히틀러는 유럽 대륙의 태반을 점령하며 한때 유럽을 공포에 떨게 했다. 유대인 대학살로 유명한 히틀러는 원자 폭탄 및 전쟁 무기 제조를 촉발하는 등 과학 발전에 기여했으나 수많은 살상을 일으킨 광인으로 취급된다.

김일성, 일그러진 사회주의 독재자

제2차 세계대전의 부산물로 생긴 대한민국의 북반부를 차지한 조선인민공화국의 창설자 김일성은 소련군 장교 출신이며 자칭 항일 투사라고 말하고 있다. 공산주의를 신봉하는 그는 '한국의 통일을 위해서'라는 명분으로 1950년 6월 25일 새벽, 예고 없이 남쪽 대한민국을 침공했다. 하지만 당시 초대대통령이었던 이승만 대통령의 강력한 호소로 국제연합 군대가 참전을 하고 1954년 7월 28일 휴전 협정을 맺고 정전했다.

6·25 전쟁으로 400만 명이 죽고 1,000만 명이 고향을 버리거나 이산 가족이 되었으며, 수십만 명의 고아가 생겨났다. 지금도 한반도는 온전히 문제가 해결되지 않은 채 재발의 위험을 안고 있는 불안한 화약고로 지목을 받고 있다.

김일성 사후 그 아들 김정일과 손자 김정은이 세습 정권을 유지하고 있다. 김일성은 북한에서 군권 정치로 군사 강국을 꿈꾸며 폐쇄적인 독재 정치를 하면서 많은 반대파 사람들을 정치 수용소에 강제로 억류하는 등 횡포를 부렸다. 이로 인해 북한은 러시아 중국 등 일부 동조 국가를 제외한 국제 사회에서 외톨이 국가가 되었다. 경제 외교의 은둔 국가가 된 북한의 지도자들은 지금도 김일성의 망령에 사로잡혀 미사일과 핵무기로 한국을 통일시키고 세계를 정복하겠다는 야심에 불타고 있다.

일본 제국주의의 대륙 진출 야욕

네 개의 큰 섬과 수많은 작은 섬으로 열도를 이루고 있는 일본은 사무라이 정신과 나그네 문화가 어울린 태양을 숭배하는 나라다.

태양의 신 천황을 중심으로 한 입헌군주 국가인 일본의 지도자들은 태반이 대륙 진출을 하려는 꿈을 갖고 있다. 대륙 진출을 위해 한국을 자주 침범하며 임진왜란을 일으켰고 1908년에는 무능한 조선을 협박하여 강제로 병합했으며 한국을 문화적으로 동질화시키려고 언어와 한글 말살 정책을 폈다.

1931년에는 만주를 침공하여 위성국가를 만들고 이어 러시아와의 해전에서 승리하자 중국을 침략하기 시작했다. 이 침략 전쟁은 1941년 미국을 위시한 전 세계 국가와 싸우는 제2차 세계대전으로 확대되었으나 히로시마와 나가사키에 원자폭탄이 투하되어 쑥밭이 되는 참상을 입고 1945년 8월 15일 항복하고 말았다.

그 후에도 일본 지도자들은 한국 전쟁을 발판으로 경제 부흥을 이루자 경제력을 내세워 다시 세계에 군림하려 하고 있다. 또한 일본의 지도자들은 일본 민족의 밑바닥에 깔려 있는 대륙 진출의 요망을 염두에 두고 정치를 하면서 군국주의 사상에서 벗어나지 못하고 일본의 군국화를 위해 죽은 사람들의 혼을 모시는 야스쿠니 신사 참배를 영광으로 생각하고 있다.

일본인의 삶에는 대륙을 향해 나아가려는 나그네 문화가 물씬 배어 있다. 길을 떠날 때 요긴한 도시락과 생선을 날 것으로 먹는 회 문화가 발달하고 검도, 씨름 등 전쟁을 대비하는 무술 훈련들이 존중받고 있는 실정이다.

대륙 침공과 세계를 제패하려는 일본 민족의 마음속에는 그 옛날 찬란한 빛이 찬란했던 낙원 에덴동산에서 쫓겨나 태양 빛이 떠오르는 동방을 향해 험난한 나그네 길을 떠나 세상의 땅 끝인 섬나라에 도착한 후에도 본향을 그리워하는 향수심이 깊숙이 깔려 있는 것처럼 보인다.

03
세속적 지도자로 인한 피해

누가 철학과 헛된 속임수로 너희를 사로잡을까 주의하라 이것은 사람의 전통
과 세상의 초등학문을 따름이요 그리스도를 따름이 아니니라(골 2:8).

지도자는 누구나 나름대로 철학과 사상을 갖고 있다. 역사를 감정적으로 생각하고 바라보기도 하고 세계를 역동적으로 이끌어보려고 하기도 한다. 지도자가 개인의 철학과 사상으로 지도력을 발휘하다 보면 주변의 반발에 부딪치는 경우가 많다. 어떤 특정한 철학과 사상이 많은 사람들의 동조를 구할 수 있다는 보장이 없기 때문이다.

철학과 사상은 종교와 깊은 관계를 맺고 있다. 하지만 이 둘은 서로 융합할 수도 멀리할 수도 없는 사이다. 그것은 인간의 생각에 바탕을 둔 세속에 물든 기복 종교들이 철학적 사상에 매여 인간들을 조종하려고 하기 때문이다.

창조주 하나님께서 계시하신 성경은 "철학과 사상의 노예가 되고 있는 지도자는 진리를 모르기 때문에 올바른 지도를 할 수 없다"고 지적한다.

지구, 종교 전쟁의 도가니

하나님이 택하신 아브라함의 아들 이삭의 후손과 첩 하갈이 낳은 서자 이스마엘, 그리고 롯의 불륜으로 탄생한 모압과 암몬의 자손들은 역사적으로 대립하거나 적대 감정을 가지고 싸움을 벌여왔다. 그 문화의 뿌리가 유대교와 이슬람교로 갈라져 종교적 사상이 되고 정치적 이념이 되어 영토 확보와 경제적 힘겨루기로 번지면서 전쟁의 불씨가 되었다. 이스라엘의 잃은 나라 세우기와 성지 예루살렘의 회복을 위한 염원은 이 시대에도 이슬람권 국가들과의 분쟁으로 지속되면서 세계대전으로 번질 위험을 안고 있다.

고대부터 현재까지 교리와 신앙생활의 차이로 인한 불화와 서로를 개종시키려는 욕망과 종교의 정치·경제화에 따른 이해관계로 말미암아 종교 전쟁은 계속되어 오고 있다. 종교 갈등과 분쟁의 대부분의 원인은 종교 지도자들의 교세 확장을 위한 포교 욕망과 타종교로부터 교권을 침해받지 않으려는 자기 방어 본능 때문이다. 이는 종교 지도자들의 강력한 의지와 리더십이 그 분쟁과 갈등의 규모를 갈음하게 하고 있다.

같은 창조주 하나님을 믿는다고 내세우는 기독교와 유대교, 이슬람교의 대립은 해결 방법을 찾지 못한 채 역사적으로 표류하고 있으며 또 다른 종교(불교, 토속신앙, 유사 종교)와의 분쟁도 만만치 않은 갈등을 빚어내고 있는 실정이다.

가톨릭교회의 십자군 전쟁

십자군 전쟁은 가톨릭교회에서 이슬람교도가 점령하고 있는 잃어버린 성지를 되찾고 신자들의 성지 순례를 보장하겠다는 의도로 1095년에서 1463년까지 아홉 차례에 걸쳐 성지 예루살렘을 향해 침공한 종교 전쟁을 말한다.

옛 예루살렘 성전은 BC 1500년 즈음에 이스라엘의 왕 다윗이 건축 재료를 준비하고 그 아들 솔로몬이 건축했으며 다윗의 거룩한 도성이라고 불린다. 이스라엘 민족은 이 성전을 세계의 중심인 성지라고 생각하고 있다.

BC 538년 바벨론 왕 느부갓네살에 의해 멸망해 이스라엘 사람들이 포로로 잡혀가 멸망했으나 바사 왕 고레스에 의해 해방되어 돌아온 이스라엘 사람에 의해 성전이 재건되었다.

신약 시대에 와서 구세주로 오신 예수 그리스도께서는 주로 예루살렘 성을 중심으로 활동하셨다. 그리고 이 예루살렘 성은 예수 그리스도의 죽으심과 부활, 성령 강림과 초대교회의 탄생, 복음 전도의 근거지로서 그리스도인의 거룩한 성도로 인식되고 있다.

하지만 AD 66년 기독교를 말살하려는 로마군의 침략으로 다시 예루살렘 성은 비참하게 멸망하고 말았다. 그 후 콘스탄티누스 대제에 의해 기독교가 인정을 받으면서 성지도 회복되었다.

그러나 AD 673년 이슬람의 창시자이자 지도자인 무함마드가 예루살렘에서 죽었다는 이유로 이슬람교 제3의 성지가 되었다.

그 후 가톨릭교회는 이슬람교가 차지하고 있던 성지 예루살렘을 회복할 계획을 세우고 십자군 원정대를 조직해 파견하기로 했다. 십자군은 하나님의 대리인으로 믿고 있던 가톨릭교회 교황의 축복의 약속과 출전 격려에 힘입고, 유럽 전역에서 자원한 병사들로 조직되었지만 태반이 가난한 농부와 순수한 신앙을 가진 소년들이었고 이 중에는 외국을 침공하여 돈을 벌겠다는 불량배도 뒤섞여 있었다. 또 빚을 탕감한다거나 죄의 사면을 조건으로 자원한 사람들도 섞여 있었다. 십자군은 군사 훈련을 받지 않은 오합지졸과 불타는 신앙의 순수한 신자가 모인 집단이었다. 이들은 명목상의 군인으로서 엄격한 군기를 강요할 수 없었고 다만 성지 탈환이라는 사명감만 강조하며 오른팔에 붉은색으로 그려진 십자가 휘장을 차고 무기를 든 무리에 불과했다. 성지 예루살렘을 향해 용감하게 진격한 십자군은 가끔 승리하기도 했지만 패배하는 일이 잦아 아홉 번의 원정에도 불구하고 성지 탈환은 하지 못했다. 오히려 불량배와 강제로 내몰려 나온 일부 사람들의 살인과 약탈 행위, 강간 등 범죄로 악명만 높이고 많은 전사자를 발생시키며 실패로 끝나고 말았다.

십자군 원정은 하나님의 뜻이었는가? 아니면 가톨릭교회의 지도자 교황의 사려 없고 무분별한 욕심으로 하나님의 성전을 빙자한 횡포로 발생한 사건인가? 우리는 무엇이라고 판단하기 어렵다.

역사가들은 십자군 원정 사건을 범죄로 얼룩지고 종교 갈등만 부추겼으며 그 해결의 실마리를 찾기 어려운 문제를 후손에게 떠넘긴 비극이었다고 말하고 있다.

기독교, 이슬람교, 유대교가 서로 자신들의 성지라고 주장하며 탈환하겠다고 나서고 있는 예루살렘 성은 세계대전의 위험을 안은 화약고가 되어 언제 어떤 방법으로 끝나게 될지 아무도 알 수 없는 실정이다.

미국 대륙을 발견한 콜럼버스와 청교도

스페인의 해양 탐험가 콜럼버스가 산타마리아 호를 타고 미지의 대륙을 찾아 나섰다가 AD 1492년 미국을 발견했다. 가톨릭교 신자였던 콜럼버스는 세계의 중심에 서고 싶었던 스페인 왕에게 자신의 신념은 이사야서의 "그 날에 이새의 뿌리에서 한 싹이 나서 만민의 기치로 설 것이요 열방이 그에게로 돌아오리니 그가 거한 곳이 영화로우리라 그 날에 주께서 다시 그의 손을 펴사 그의 남은 백성을 앗수르와 애굽과 바드로스와 구스와 엘람과 시날과 하맛과 바다 섬들에서 돌아오게 하실 것이라 여호와께서 열방을 향하여 기치를 세우시고 이스라엘의 쫓긴 자들을 모으시며 땅 사방에서 유다의 흩어진 자들을 모으시리니"(사 11:10~12)라는 말씀에 토대하고 있으며 자신이 가는 길은 하나님의 뜻에 의한 것이라고 주장하며 항해 경비를 조달했다고 한다. 달걀을 모로 세우는 묘기로 귀족들을 설득하고 지원을 얻은 콜럼버스는 인디언들이 피우던 담배를 유럽에 소개하기도 했다.

콜럼버스가 미국 대륙을 발견할 당시 그곳에는 약 150여만 명의 인디언들이 살고 있었다. 인디언들은 처음 보는 백인들을 신기하게 생각하고 환영하며 오랜 항해로 지쳐 있던 콜럼버스 일행에게 먹을 과일을 주는 등 생활 편의를 제공하며 우의를 보여주었다. 하지만 아프리카에서 흑인 노예를 유용한 노동의 도구로 잡아 이득을 보았던 백인들은 잔인한 침략 근성을 나타내 보이기 시작했다. 순진한 인디언들의 땅을 빼앗고 노예로 만들기 위해 그들을 가톨릭 신자로 개종시키면서 총칼로 위협하고 탄압했다. 심지어 온 마을 사람들을 푸짐한 선물을 주는 종교의식에 참석시킨 다음 문을 걸어 잠그고 불을 질러 태워 죽이기까지 했다. 자신들이 살았던 땅에서 추방당한 인디언들을 특정 지역에 강제로 이주시키기도 했다.

당시 선진국의 지도자들은 새로운 땅을 찾아 차지하고 개척하기 위해 종교를 이용하면서 하나님을 찬양하고 잔인한 침략 행위를 영웅시하며 자랑했다. 하나님을 내세운 침략 근성을 주체하지 못하던 지도자들은 자신의 목적을 위해 남의 나라 땅을 빼앗고 사람들을 죽이며 노예로 삼고 재물을 강탈하는 것을 재미있는 게임처럼 즐기기도 했다는 것이다.

역사를 이끌어온 세상의 지도자들은 정의와 평화와 자유를 표면에 내걸고 있지만 대부분 침략 근성이 그 밑바닥에 깔려 있다. 그들의 태반은 권력을 거머쥐면 영웅심에 도취하고 말았다. 육적 지도자의 힘겨루기는 마치 영웅들의 각축장 같다. 《플루타르크 영웅전》이나 중국의 《삼국지》에 나오는 영웅호걸이 되려는 꿈을 꾸며 자만의 늪에 점점 더 깊이 빠져들게 하고 있는 것이다.

04

법의 숲을 헤쳐나가는 지도자

"나는 죄가 없다. 법 없이 살 수 있다"고 장담할 수 있는 사람은 없다. 인간은 법의 숲에서 죄를 피하려고 헤매는 나그네이기 때문이다.

법의 숲은 우주를 창조하신 하나님의 뜻으로 만들어졌다. 질서와 인류 구원을 위한 섭리를 위해서다. 인류 역사는 질서를 위해 통제하는 시공과 자연의 법칙에 의한 법의 숲 안에서 법에 따라 세워진 지도자에 의해 미지의 법을 향하여 달려가는 모습을 기록하고 있다.

하나님의 율법은 모든 법의 원리다

하나님의 말씀은 바로 법이며 우주 질서와 인류 구원의 법이다. 해가 뜨고 밤이 오며 사계절이 있고 성장의 법칙 아래서 씨를 뿌리고 살아가고 죽는 것들이 모두 우주의 기본법이다. 인간들이 하나님의 말씀에 불순종하고 죄를 짓고 죽음과 고통의 숲 안에서 생명을 찾아 방황하는 것도 생명의 기본법에 의한 것이다.

또한 인간들이 무리를 지으며 사회 활동을 하면서 공동의 안녕과 번영, 질서를 만드는 여러 법이 있다. 그리고 인간이 역사 안에서 만든 관습과 도덕, 전통, 문화의 법이 있다.

태초의 인간들은 법을 모르고 살았다. 도덕과 의리와 부양하는 책임만 있고 법이 없었을 때는 삶의 모습이 단순했다. 하나님께서는 죽음과 고통으로 신음하던 인간을 구원하시기 위해 율법을 만들어주셨다.

> 내 속 곧 내 육신에 선한 것이 거하지 아니하는 줄을 아노니 원함은 내게 있으나 선을 행하는 것은 없노라 내가 원하는 바 선은 행하지 아니하고 도리어 원하지 아니하는 바 악을 행하는도다 만일 내가 원하지 아니하는 그것을 하면 이를 행하는 자는 내가 아니요 내 속에 거하는 죄니라 그러므로 내가 한 법을 깨달았노니 곧 선을 행하기 원하는 나에게 악이 함께 있는 것이로다(롬 7:18~21).

하나님을 떠난 인간의 마음속에는 선과 악의 두 법이 존재하고 서로 세력 확장을 위해 다투고 있다. 이 난해한 영적 문제를 해결하고 구원하시기 위해 하나님께서 율법을 주셨지만 원만하게 해결할 수 없었다. 예수 그리스도께서는 초법적으로 십자가 보혈의 은혜로 구원하시며 진리와 생명의 법으로 율법을 완성해주셨다. 하지만 세상의 지도자들은 율법을 모법(母法) 삼아 인간의 법들을 만들어 사용하면서도 새로운 법 만들기에 바쁘다.

법의 숲에서의 인간의 실상

전도서 기자는 "헛되고 헛되며 사람이 해 아래서 수고하는 것이 무슨 유익이 있는고" 했으며 또한 "한 세대는 가고 또 오되 피곤하고 이미 있던 것이 후에 다시 있고 새 것이 없다”고 한탄하며 바람을 잡는 것 같다고 주장했다. 그러면서 인생의 실존에 관한 문제는 창조와 섭리의 법에 의한다는 것을 확인했다.

“범사에 기한이 있고 천하 만사가 다 때가 있나니 날 때가 있고 죽을 때가 있으며 심을 때가 있고 심은 것을 뽑을 때가 있으며 죽일 때가 있고 치료할 때가 있으며 헐 때가 있고 세울 때가 있으며 울 때가 있고 웃을 때가 있으며 슬퍼할 때가 있고 춤출 때가 있으며 돌을 던져 버릴 때가 있고 돌을 거둘 때가 있으며 안을 때가 있고 안는 일을 멀리 할 때가 있으며 찾을 때가 있고 잃을 때가 있으며 지킬 때가 있고 버릴 때가 있으며 찢을 때가 있고 꿰맬 때가 있으며 잠잠할 때가 있고 말할 때가 있으며 사랑할 때가 있고 미워할 때가 있으며 전쟁할 때가 있고 평화할 때가 있느니라 일하는 자가 그의 수고로 말미암아 무슨 이익이 있으랴”(전 3:1~9)고 인생을 지배하고 있는 법의 실상을 바라보았다.

전도자는 ‘인간은 선하고 악한 법이 난무하는 법의 숲에서 벗어날 수 없다’는 것을 깨달았다. 악한 세력이 판치는 역사 안에서 법의 근원이 되시는 하나님을 경외하며 선을 행하는 참지도자가 필요하다는 것을 실감하게 되었다.

지도자는 법을 집행하는 하나님의 대리자

지도자는 무엇을 하는 사람인가? 만복과 만법의 근원이신 하나님께서 인간들이 수긍하는 법의 테두리 안에서 인간 사회를 통합시켜 안전하게 번영시키려고 노력하는 지도자로 세워주셨다. 흩어진 인간을 조직으로 묶고 가르치고 지시하고 이끄는 직분과 권한을 주셨다.

지도자는 원만한 조직 경영을 위해 법을 만들게 하고 예의, 도리, 규칙, 법칙, 방법을 통해 지도하고 사람들을 이해시키고 조정하고 질서를 유지시키는 일을 집행하는 사람이다.

너는 재판장을 모독하지 말며 백성의 지도자를 저주하지 말지니라(출 22:28).

성경은 "종들아 모든 일에 육신의 상전들에게 순종하되 사람을 기쁘게 하는 자와 같이 눈가림만 하지 말고 오직 주를 두려워하여 성실한 마음으로 하라"(골 3:22)고 충고한다. 그리고 "지도자들아 의와 공평을 종들에게 베풀지니 너희에게도 하늘에 상전이 계심을 알지어다"(골 4:1)라고 충고하며 백성들은 믿음이 있는 지도자를 더 잘 섬기고, 지도자는 사랑으로 가르치며 유익을 주라고 권고하고 있다.

성장의 법칙으로 경영되고 있는 인생의 숲은 악과 선이 공존하고 있다. 한 치 앞을 예측할 수 없는 법이 무수히 깔려 있다. 온갖 법의 장막을 헤치고 나아가야 하는 인생들에게 법을 잘 다스려줄 지도자가 필요하다.

지도자는 법을 잘 요리하고 활용하는 재주꾼이다. 그래서 선한 지도자와 악한 지도자가 생겨난다. 지도력은 역사의 뼈저린 명암으로 나타난다. 인류 역사에 꼭 필요한 조직과 지도자에 대해 지나간 역사가 많은 충고를 하고 있다.

법은 관습과 사회 통념에 따라 공동 사회를 돌보는 사람들에 의하여 공동의 이익을 위해 질서와 행동의 결과로 만들어진다. 법은 이성과 경험에 의해 발전한다. 법률은 정직한 것을 명령하고 그에 반대하는 것을 금지시킨다. 대담하게 주장되고 그럴듯하게 유지되는 것이 법이다. 법은 죄를 키우기도 하고 그 죄를 벌하기도 한다. 사소한 법이 오히려 큰 죄를 낳기도 한다. 법도 건물처럼 서로 기대며 보완하거나 변화해나간다.

인간의 이성은 법을 지배하려고 하지만 법은 오히려 인간을 지배하고 있다. 법은 관습에 복종한다. 하지만 법은 명예가 금지하는 것을 허용하려고 한다. 법은 힘이 있는 사람으로부터 약한 사람을 보호하기 위한 장치로서 권력자가 임의로 하지 못하도록 제동을 걸지만 강한 제왕적인 지도자가 좋아하는 대로 움직일 때가 많다.

오늘의 법이 내일은 아무것도 아닐 수도 있다. 또 법은 위반하기 위해 만들어진 지도자의 함정이라고 말한다. 법은 코에 걸면 코걸이요 귀에 걸면 귀걸이가 되기도 한다. 그것은 때맞춰 밥 먹고 운동을 하면 건강을 유지시키지만 때와 장소에 맞지 않게 밥 먹고 운동하면 병들어 고통을 받게 만드는 것과 같다.

법은 아무리 엄격해도 게으른 자를 부지런하게 하거나 사치와 낭비에 맛들인 자를 근검절약하게 만들 수 없다. 법은 착한 사람에게는 불필요한 존재가 되지만 악한 사람을 교정시킬 수 없다. 또 법은 부자들에 의해 가난한 자를 억압시키는 도구가 될 때가 많다. 법이 모든 인간의 편의를 충족시킬 수는 없지만 대다수의 이익이 된다면 법을 따를 수밖에 없다. 온갖 법은 여러 모양으로 사람들을 고통스럽게 만들고 있다. 인간의 불행은 법을 통해 발생하고 나타난다. 사람들은 법의 간섭을 받지 않는 것을 자유롭다고 말한다.

성경은 좋은 법과 동행하려면 나쁜 법을 멀리하고 의로운 발로 짓밟아버리라고 가르치고 있다. 여론을 무시하는 법은 설 자리를 잃고, 법이 유순하면 잘 지켜지지 않고, 너무 가혹하면 사람들이 도망쳐버리려고 한다. 법은 그물과 같아서 법망이라고 말한다. 유약하고 작은 것들이 걸리면 엄격하지만 권력 있고 강한 사람은 그 법망을 갈기갈기 찢어버린다. 어떤 법망은 작은 것들은 빠져 나가도록 놔두기도 하고 이용 가치가 있는 중간치만 잡는 경우도 있다.

절대 권력자의 얼굴에는 처음엔 온화한 미소가 있다. 하지만 그 속에는 법 위에 서기를 바라는 야심이 꿈틀거리고 있다. 법이 끝나는 곳에서 독재가 시작된다. 사람들이 바라는 지도자는 대중의 동의에 의한 조직적 여론의 지지를 받는 법에 의한 통치자다.

질서는 법의 친구로서 모든 삶의 기초다. 죄로 인해 죽음으로 어질러진 것을 바로잡는 것이 질서이며 진리이기도 하다. 질서가 혼란해지면 법이 무색해지고 죄악이 고개를 든다.

죄를 짓지 않고 살 수 있는 사람은 없다. 법과 질서와 공정은 하나이지만 지도자들이 이들을 갈라놓고 경쟁하게 만들고 있다.

모든 법은 하나의 진리에서 나온다. 창조주 하나님의 뜻이 법의 근원이다. 하나님의 의지에 의한 법이 자연의 법칙으로 나타나고 인간의 자기 보존의 법으로 재정비되어 인간을 지배하고 있다. 법의 숲 속을 달리는 인간들은 지도자들의 법 운영하기에 따라 "법은 멀고 주먹은 가깝다"는 속설처럼 법의 횡포로 괴롭힘을 당하기도 한다.

05
진리의 중심에서 이탈한 종교의 병폐

이에 종들에게 이르되 혼인 잔치는 준비되었으나 청한 사람들은 합당하지 아니하니 네거리 길에 가서 사람을 만나는 대로 혼인 잔치에 청하여 오라 한대 종들이 길에 나가 악한 자나 선한 자나 만나는 대로 모두 데려오니 혼인 잔치에 손님들이 가득한지라 임금이 손님들을 보러 들어올새 거기서 예복을 입지 않은 한 사람을 보고 이르되 친구여 어찌하여 예복을 입지 않고 여기 들어왔느냐 하니 그가 아무 말도 못하거늘 임금이 사환들에게 말하되 그 손발을 묶어 바깥 어두운 데에 내던지라 거기서 슬피 울며 이를 갈게 되리라 하니라 청함을 받은 자는 많되 택함을 입은 자는 적으니라(마 22:8~14).

역사는 진리를 위해 존재하고 종교는 진리를 찾기 위해 존재한다. 역사의 무대를 장식하는 바탕은 종교이며 종교는 문화의 어머니다.

　인간의 문화는 종교의 뿌리에서 자라나며 생명을 수확하기 위해 발전해왔다. 이 세상을 만드신 하나님을 믿는 것이 종교 문화의 기틀이 되고 신앙의 모습이 되어야 하는데도 이 진리가 심오해서 사람들이 깨닫지 못하고 제멋대로 여러 형태의 종교를 만들어 영혼의 만족을 얻으려고 한다. 여러 종교들의 갈등은 문화 대립으로 나타나 세계관을 혼란시키고 인생의 가치관을 엇갈리게 하면서 역사를 어지럽히고 있다.

　종교는 포교 활동을 하며 교세를 확장하려고 한다. 종교 지도자들은 이 바람이 강할 수밖에 없는 자리에서, 문화 대립을 넘어 분쟁이나 전쟁으로 치닫는 위험을 감수하면서도 자기의 사명과 의무에 최선을 다하려고 한다. 이 세상 역사의 진리를 발견하는 것이 종교의 첫걸음이고 인간이 어떤 존재인가 깨닫게 하는 것이 신앙생활의 기초라는 것을 망각하고 있는 것이다.

종교는 하나님의 초대다

종교는 농부 하나님이 예비하신 천국 잔치에 사랑하는 사람들을 초대하시는 역사적 과정이다. 종교 지도자는 죄와 죽음으로 어두운 세상에서 신음하고 있는 사람들을 생명의 잔치에 초대하는 심부름꾼들이다. 종교 지도자가 진리를 바로 알고 의로운 예복을 입고 생명의 길로 인도하지 못한다면 잔치의 주인인 하나님이 야단을 치시는 것은 당연하다.

그 옛날 "하나님께 닿으리라"며 바벨탑을 쌓았던 아스라한 기억을 잊지 못하는 종교 지도자들은 종교 업적의 성취를 향한 꿈에서 헤어나지 못하고 있다. 많은 종교 지도자들은 다른 종교인들에게 오랜 고유의 전통과 문화와 관습 아래 성장해온 종교를 포기하고 자신들의 교리에 순종하라고 강요하거나 추종 세력을 규합하여 억지로 통치하려고 간계를 부리기도 한다. 전통과 문화와 종교를 동화시키려고 유화 전략을 사용하기도 하지만 피정복자의 사정을 무시하고 그럴듯한 교리와 강력한 힘을 앞세워 무조건 말살하려고 덤비기도 한다.

철학적 사고로 생명의 소중함을 내세워 왜곡시키고 있는 종교들은 사람을 미혹할 뿐만 아니라 창조의 진리에 접근하는 것도 방해한다. 예수 그리스도를 진리로 보내주신 하나님의 사랑을 깨닫지 못하기 때문이다. 진리는 이 세상을 만드시고 섭리하시고 생명을 사랑하시는 하나님의 뜻을 아는 것이다. 하나님의 뜻에 순종하며 말씀으로 찾아주신 참된 지도자 예수 그리스도의 구원의 은혜를 믿으며 살아가는 삶이 참된 삶인 것이다. 즉, 죽음의 권세를 깨뜨리시고 부활하신 주 예수 그리스도의 축복을 온 누리에 전파하고 이 세상을 변화시키고 최후의 심판에 대비하고 영생의 나라를 소망하는 것이다.

하나님 앞에서의 종교 분쟁

유대교와 기독교 그리고 이슬람교는 한 분 하나님을 믿고 성경을 경전으로 삼아 신앙생활을 하고 있다. 어찌 보면 같은 하나님을 아버지로 모시며 사는 믿음의 형제들처럼 보인다. 하지만 성경 구약과 신약의 교리와 선민사상, 중보자 예수 그리스도와 선지자 무함마드 가운데 누구를 믿고 따르느냐 하는 신앙의 차이로 말미암아 역사적으로 원수가 되어 서로 간에 으르렁거리며 살아가고 있다. 이 세 종교의 지도자들은 각기 자기네가 진리를 수호한다고 주장하며 반대하는 자들을 배척하고 있다. 이런 종교의 갈등과 분쟁은 종교 영역을 넘어 세계 평화를 위협하는 전쟁 상황으로 치닫게 하고 있는 실정이다.

유대교

유대교는 하나님이 선택하시고 부르신 아브라함을 믿음의 조상으로 삼고 그 후손들이 믿으며 따르는 이스라엘 민족의 종교다. 천지를 창조하신 하나님이 인류를 지배하시는 유일하신 신이며 구원의 특수한 계약으로 택하여 보내주실 그리스도를 고대하며 율법적인 신앙생활을 하고 있다. 하지만 이스라엘 민족은 이미 오신 구세주 예수 그리스도를 배척하고 십자가에 달려 죽게 한 사건의 주동자가 되어 수많은 고난의 역사를 겪으면서도 자신들이 역사의 중심을 이루고 있다고 믿으며 메시야를 기다리고 있다.

아브라함의 서자 이스마엘과 사촌인 롯의 불륜으로 태어난 이들의 후손 암몬, 모압에 의해 번성한 중동 지역의 이복형제들을 이방인이라고 차별하면서 역사적으로 대립하며 종교 전쟁을 벌이고 지금도 험상스러운 적대관계를 해결하지 못한 채 온 세상을 어지럽게 하고 있다.

이슬람교

이슬람교는 무함마드를 선지자로 삼고 알라신을 믿는 종교다.

AD 7세기 경 이슬람교를 창설한 무함마드는 메카의 명문 집안에서 태어났지만 부모가 일찍 죽어 고아로 자라났다. 25세에 연상의 여인 하디자와 결혼했으며 40세에 메카 교외의 하라 산의 동굴에서 하늘의 계시를 받고 자신을 알라의 유일한 사자(使者)라고 주장하며 포교를 시작했다.

무함마드는 추종자가 늘어나자 종교적 지도자뿐만 아니라 사회적·정치적 지도자가 되어 활약하면서 이슬람 국가 건설에 주력했다. 무력 단체가 된 이슬람교를 지배하면서 다른 종교를 우상이라고 타파하기 시작했다.

회교라고도 하는 이슬람교는 무함마드를 예수 그리스도처럼 마지막 예언자로 추종하면서 하나님을 알라라고 부르고 있다. 구약 성경과 유대교, 기독교 영지주의의 영향을 받고 또 가브리엘 천사에 의해 만들어졌다는 코란을 경전으로 사용하고 있다. 신도들을 '절대 순종'이라는 뜻의 무슬림이라고 부르며 알라에 대한 신앙고백과 하루 다섯 차례의 정기적인 기도, 자카트라는 구제 헌금, 라마단의 성지 순례를 지키고 있다. 이슬람교는 산유국인 대부분의 중동 국가와 아프리카 일부 국가를 지배하고 세계로 확산되고 있다.

주요 교파로는 시아파와 수니파가 있고 이들은 중세의 기독교 십자군 원정 사건 이후 기독교와 적대 관계에 있으며 지금은 세계 곳곳에서 알라신의 영광을 위한 거룩한 전쟁이라는 성전을 내세워 이스라엘과 전쟁을 벌이면서도 목적을 알 수 없는 자살 폭탄 테러를 자행하며 세상을 공포에 떨게 하고 있다.

가톨릭교

예수 그리스도께서 친히 머리가 되시고 베드로를 반석을 삼아 세우신 교회를 계승한 가톨릭교회는 교황을 사도권의 계승자로 인정하고 있다. 그리스도의 대리자인 교황의 권위는 절대적이며 그 아래에 주교와 사제들로 조직된 가톨릭교회는 교황의 무오성을 주장하고 마리아 숭배와 고해 성사 등 교리를 확립하고 절대 복종을 가르치고 있다.

신도들에게는 성세, 경진, 성체, 고해, 병자, 신품, 혼인 등 7성사(聖事)의 삶을 권유하고 있다. 하지만 AD 1517년 마르틴 루터에 의해 제기된 가톨릭교회 지도자들의 타락과 고해 성사 등 성경에서 벗어난 교리와 예전에 반대하는 종교 개혁 운동으로 탄생한 개혁 교회와 결별하고 말았다. 마르틴 루터의 종교 개혁은 신학자 칼뱅의 신학 정립으로 개혁 교회로 자리매김했다. 가톨릭교회는 개혁 교회로부터 교리적 면에서 이단으로 낙인이 찍혔지만 교황 등 지도층의 권위가 세계에서 인정받으면서 교회로 남아 있다.

철학의 함정에 빠져 방황하고 있는 유교와 불교

인간이 만든 종교가 난립하면서 철학과의 구분이 어려워졌다. 특히 불교와 유교 등은 동양의 전통적인 사상과 융합되어 철학적이면서도 종교적인 색채를 띠고 있다. 불교와 유교에 대해서도 짚어보자.

불교

불교는 BC 5세기경 인도의 고타마 싯다르타(석가모니)에 의해 창시되었다. 불교라는 말은 부처의 가르침을 받는다는 말이다. 석가모니는 35세에 보리수나무 아래에서 달마(진리)를 깨우치고 불타(佛陀)가 되어 죽을 때까지 포교 활동을 했다.

불교의 교리는 인간이 지금 어떻게 존재하고 있는가, 하는 실존의 문제에 초점을 맞추고 있다. 이 세상은 절대적 창조의 능력에 의한 것이 아니라 서로 인연 관계에 있으며 인과에 따라 생멸한다는 것이다. 그러므로 불교의 이론은 인간의 실제적인 삶의 문제에 부딪치고 부처 안에서 문제를 해결해야 한다는 것이다. 또 불교는 사람마다 지니고 있는 사회적 조건과 개인 간의 생활 차이에 따라 내용을 달리하는 응병시약적(應病施藥的) 방법을 사용한다. 모든 사람들에게 획일적 일방통행의 길을 제시하기보다 다양한 길을 택하라고 가르치고 있다. 이는 사람들이 사회적 조건을 충분히 받아들인다는 점에서 불교의 관용성을 엿보게 한다.

불교의 기본적인 가르침은 인연, 즉 연기의 도리인 중도의 실천으로 윤회세계(輪廻世界)에서 해탈하여 열반(涅槃)에 들어가는 것이다.

석가모니가 죽은 다음 초기에는 원시 불교를 유지했지만 그로부터 2,500년이 지나면서 여러 분파 불교 시대를 거쳐 대승불교가 일어나고 그 후에 성좌불교라고 불리는 소승불교로 발전했다. 불교는 동양 문화에 큰 영향을 주었고 한때는 동양의 일부 국가에서 정치에 간여하며 사회 활동을 활발히 하기도 했다.

기독교를 위시한 대다수의 종교인들은 천지창조의 역사 섭리를 밝히지 못하는 불교를 인간의 생사화복의 비밀을 깨달으려고 노력하는 철학의 일부라고 보고 있다.

유교

'유교도 종교인가' 하는 문제에 대해서는 여러 논의가 있다. 하지만 많은 사람들은 유교를 인간의 삶을 바르게 이끌며 가르치는 종교로 받아들이고 있다.

유교는 BC 500년경 중국의 공자와 그의 제자들에 의한 가르침을 신앙화한 것이다. 유학, 공부교, 유술이라고도 불리는 유교는 중국의 농경 문화를 배경으로 전통적 신앙을 수용하면서 하늘의 상제와 그의 명령으로 우주를 창조한 많은 신들에게 제사를 올리고 있다.

공자와 맹자로 인해 정리된 유교 이념은 BC 3세기 한(漢)나라 제국의 정치 이념이 되어 정착했고 한 무제 때는 유교의 경전이 관리 임용과 교육의 과제가 되고 또 유교를 따르지 않는 사람은 축출하기도 했다.

유교는 송나라 때 주자에 의해 형이상학적 윤리 체제로 발전하면서 정권의 지배 이념이 되었다. 신유학은 사서(논어, 중용, 대학, 맹자)와 오경(서경, 시경, 주역, 예기, 춘추) 등 경전을 탄생시켰다.

한국과 일본 등 동양의 일부 국가는 이 유교를 효 사상과 정권에 대한 순복, 도덕과 윤리의 근본으로 삼고 가정의 위계질서 유지를 위해 백성들에게 널리 가르치는 한편 정치의 시녀로 삼기도 했다.

참진리와 생명의 비밀을 찾아 방황하는 종교들

태초에 하나님이 천지를 창조하시니라(창 1:1).

우주를 창조하시고 섭리하시는 하나님이 오직 한 분이신 것을 부인할 수 있는 사람은 없다. 왜냐하면 세상의 종교나 철학이나 사상이나 문화는 모두 하나님의 피조물이기 때문이다. 인간이 살아가는 우주는 시작과 종말이 있다. 그것은 창조주 하나님의 뜻에 의한 섭리다. 생명과 죽음의 문제는 우주적인 비밀로서 모든 인간은 이 문제의 해답을 찾으려고 종교에 매달리고 있다. 그래서 인간들은 하나님이 주신 자유의지와 이성과 지성의 능력을 남용하며 종교를 만들어 창조의 신비에 접근하려고 노력한다. 모든 종교는 그것을 만든 지도자가 있다. 그 지도자의 생각이 교리가 되어 가짜 하나님을 양산하고 있는 것이다.

지금 이 세상 사람들은 불과 유황의 심판으로 멸망한 소돔과 고모라와 같이 지진, 해일, 폭염, 폭설 등 자연재해가 빈발하고 있는 현실을 보고 듣고 있다. 말세 현상과 같은 긴급한 상황들은 심판의 때가 가깝다는 징조라고 느끼고 있다. 하지만 긴급한 상황 속에서도 어떤 지도자들은 사람들을 진리의 바른 길로 인도하지 못하는 귀머거리와 장님이 되어 안타깝게 방황하고 있다.

이 세상의 모든 것은 하나님의 뜻에 따라 성장하고 있다. 작은 씨앗이 큰 나무가 되고 갓난아이가 어른이 되듯 이 세상은 하나님이 원하시는 생명의 목적을 향해 시공 속에서 앞으로 달려가고 있다. 이런 우주적 현상을 진리라고 말한다. 이는 인간이 만든 과학 이론인 진화론이나 종교로는 깨달을 수 없는 신비한 우주 경영의 비밀이다.

모든 종교·정치 지도자들과 철학자, 과학자들에게는 창조주를 떠나 죄악 가운데서 표류하고 있는 이 세상을 진리를 향해 변화하도록 해야 할 중대한 사명과 책임이 있다. 죄에서 의로움으로, 죽음에서 생명으로, 거짓에서 진리로, 미움에서 사랑으로 변화시키시는 하나님의 뜻은 찰스 다윈이 만든 진화론과는 전혀 다른 섭리다. 역사적으로 생명적인 변화를 위해 진보시키는 하나님의 씨 뿌리는 우주 경영 법칙에 의한 것이기 때문이다.

미지로 흘러가는 강물을 통해 바라보는 진리의 빛

인류의 역사는 큰 강물과 비슷하다. 이 강 이름을 기독교에서는 예수 그리스도의 세계라고 부르고 창조신학에서는 하나님의 씨 뿌리는 우주 경영 법칙에 의한 섭리라고 말한다. 하나님의 뜻에 의하여 만들어진 인생의 강물에는 진리와 거짓, 선과 악, 사랑과 미움의 물줄기가 흐르고 있다. 이 강물에 예수 그리스도의 은혜로 구원의 보혈이 뿌려지면서 참사랑이 회복되고 진리의 완성인 천국이 드러난다.

각각의 인생들은 크고 작은 배의 승객이다. 사람들은 인간의 살아가는 모습을 외로운 나그네가 역사의 흐름에 팽개쳐진 배를 타고 미지의 바다로 항해하는 역사의 손님과 같다고 비유한다. 하나님의 도성 에덴 동산에서 죄를 짓고 마귀가 지배하고 있는 험한 강물에 강압적으로 던져져 흘러가는 인생의 배를 타고 있는 것이다. 인생의 배들은 개인이나 가족인 작은 배로부터 부족이나 민족인 중형 크기의 배도 있고 국가를 형성한 큰 배도 있다. 또 각기 개별적인 삶의 틀을 배로 비유하며 불안한 사회에 종속시켜 공동생활을 하기도 한다.

인생의 강물은 진리의 역사를 섭리하시는 창조주의 뜻에 따라 흘러간다. 그 강물에 불순종이라는 죄악의 바이러스에 오염된 물이 끊임없이 유입되면서 그 물을 마시는 사람마다 죽음과 질병, 고난으로 신음하고 있다. 강물에 영육의 색깔이 있다. 진리의 맑은 수정과 같은 은혜로 충만한 밝은 생명의 색이 있는가 하면 회색의 철학이나 인본주의 사상과 오락으로 멍든 문화, 검은 사이비 종교의 악한 죽음의 색이 있다. 그 옆에는 자기 고집으로 인생을 개척하다 교만의 늪에서 좌절하게 만드는 회색의 흙탕물이 흘러가고 있다. 인생의 강은 변화무쌍해서 잔잔한 평화를 이루기도 하고 성난 파도처럼 악한 사연으로 배 안의 인생들을 혼란과 고통에 울부짖게도 한다.

배 안에는 다양한 인종이 공생하며 서로 다른 생활 환경과 문화와 전통과 신앙이 형성되어 많은 갈등을 유발하고 분쟁이 끝날 날이 없다. 인간들은 가족 형성의 원리인 무리의 법칙에 의한 집단생활을 하며 제각기 끼리끼리 모임을 갖고 지도자를 세우고 서로 잘난 체하거나 집단의 유익을 수호하려고 노력한다. 자칭 능력이 있다는 지도자가 높은 자리에서 권력을 쥐고 사람들을 다스리고 있는 것이다.

인생의 배 안에 예수 그리스도의 생명의 빛이 비치고 있다. 성령께서 친히 선장이 되어 키를 잡고 계신다. 믿음과 소망과 사랑의 빛을 갈망하는 성도들은 배의 선장인 주님이 지신 십자가를 바라보며 고난을 이겨 나가고 있다.

하지만 우상 숭배자와 철학에 매여 있는 불신자들은 어두운 구석을 즐겨 찾고 영적 갈증으로 욕망의 강물을 떠 마시다가 영벌의 파도에 빠지기도 한다. 그래서 모든 사람들은 인생의 방주 안에서 공존하지만 믿음의 모양에 따라 천국과 지옥을 체험하기도 한다.

인생이라는 배의 선장이며 항해사인 성령께서는 참빛 안에 있는 성도들을 인생살이에서 오는 온갖 높은 거센 파도에 시달리며 배 멀미를 할지라도 영혼이 잘되고 강건해지도록 축복하며 지켜주신다.

강가에는 생명을 소생하게 하는 나무와 사망에 이르는 나무가 무성하다. 생명나무의 비밀은 대자연의 질서의 나침반과 하나님의 말씀인 성경을 통해 진리로 깨닫게 한다.

생명의 강물이 흘러 들어가는 바다는 죽음으로 맞이해야 하는 종착지가 아니다. 그 바다의 입구는 생과 사를 심판하실 예수 그리스도를 만나는 거룩한 곳이다. 생명과 사망의 심판을 받고 나서 천국과 지옥으로 상륙할 수 있다. 천국은 영생의 나라로서 그리스도의 구원의 은혜로 하나님을 아버지로 모시고 사는 축복의 나라다. 하지만 죄로 더럽혀진 강물에 취해 버림받은 사람들은 죄 많은 이 세상보다 더 고통스러운 지옥의 바다에 던져질 것이다.

지도자는 무엇을 하는 사람인가?

01
인간은 역사 연출의 주역이다

하나님이 자기 형상 곧 하나님의 형상대로 사람을 창조하시되 남자와 여자를
창조하시고 하나님이 그들에게 복을 주시며 하나님이 그들에게 이르시되 생육
하고 번성하여 땅에 충만하라, 땅을 정복하라, 바다의 물고기와 하늘의 새와 땅
에 움직이는 모든 생물을 다스리라 하시니라(창 1:27~28).

하나님이 이끄시는 지도자

아름다운 우주를 창조하신 하나님께서는 인간들에게 "생육하고 번성하
라, 땅을 차지하고 지배하라" 하시며 청지기 직분을 주시고 우주의 모든
것을 맡아 다스리는 지도자로 임명하셨다. 지정의와 자유의지를 가진
영혼의 실체인 인간들은 하나님의 상속자로서 아들이 되어 신비하고 광
활한 우주를 지도하고 관리해야 한다. 우주의 지도자 직분은 모든 인
간들이 공유하는 능력으로서 삶 속에서 크고 작은 일을 할 수 있는 축
복이다.

하지만 하나님께 죄를 짓고 고통받는 세상에 내몰리고 있는 인간들
은 지도자가 누릴 축복을 망각하고 거짓에 놀아나며 역사 안에서 방황

하고 있다.

이제 세상의 종말이 임박하고 다시 오실 구세주 예수 그리스도를 맞이할 징조가 세계 곳곳에 나타나고 있다. 이때 우리는 지도자로서 정체성을 회복하고 충성하는 자리로 돌아가 역사를 멋지게 마무리해야 할 것이다.

> 네 하나님 여호와께서 네게 주시는 각 성에서 네 지파를 따라 재판장들과 지도자들을 둘 것이요 그들은 공의로 백성을 재판할 것이니라(신 16:18).

사람들은 고귀한 생명을 찾아 선하고 착하게 사랑하며 살기를 원한다. 그 소망이 영원하기를 바라고 신비한 것으로 가득 찬 우주를 바라보며 살아가고 있다. 그 바람을 간절한 마음으로 소망하며 삶 속에서 진실한 역사의 비밀을 찾으려고 애쓰고 있다. 역사 안에서 삶의 축복을 염원하며 그것을 성취해줄 지도자를 따라 각기 주어진 인생을 연출하려고 한다. 진리로 인도하며 안락하고 평화로운 삶을 보장해주는 지도자가 다스려줄 것을 고대하고 있는 것이다.

역사를 인식하고, 진리를 사모하고, 생명의 절대성을 깨닫고 사랑하며, 삶을 개척하고, 철학·과학·문화를 만들어내는 개성을 가진 모든 인간들이 역사의 주역이다. 역사를 장식하는 지도자는 모든 인간의 욕망을 충족시키는 시대적인 부름을 받고 있다.

인간은 영혼이 각각이고 개성이 뚜렷하지만 하나님의 씨 뿌리는 우주 경영 법칙에 따른 성장의 원리 안에서 주어진 환경에 순응하며 생활하도록 만들어져 있다. 인간은 본능적 무리의 법칙에 따른 욕구로 남자와 여자가 만나 가정을 이루고 자녀를 출산하며 가족을 형성한다. 많은 가족이 모여 씨족사회를 형성하고 다시 민족 국가로 발전한다. 이런 인류의 발전하는 모습을 역사라고 하는 문화의 틀 안에서 연출하며 장식해 나가고 있는 것이다. 영원한 시간의 흐름 속에 사라진 과거의 기억을 바탕으로 현재를 순간의 역사 속에 장식하며 미래로 달려가는 역사의 수레바퀴를 원활하게 움직여야 할 지도자가 필요하다.

인간의 역사 인식

하나님의 사랑의 상대로 지음 받은 인간은 영혼이 있는 멋진 피조물이지만 연약한 존재다. 대자연의 온갖 거친 풍수해와 재난 앞에서 혼자의 힘으로 맞서지 못한다. 또 문제가 많은 인간 사회의 갈등을 극복하고 온갖 고난을 헤쳐나가기에는 역부족이다. 이를 극복하고 이길 능력을 갖고 무리를 안전하게 인도할 지도자가 필요하다.

역사를 인식하고 바라보는 인간은 사회적이며 종교적인 심성으로 서로 의지하려고 한다. 하지만 우주를 다스리는 능력으로 역사라는 문화의 무대에 서서 자기를 주역으로 내세우기를 좋아한다.

내가 누구인가? 우주를 향해 질문을 던지면서도 지도자가 되어 철학과 종교, 전통과 문화를 멋지게 연출하려는 욕망에 몸부림을 치기도 한다. 조직을 만들고 정의를 실현하고 그 보상을 받으려고 한다. 인생을 자유의지로 지혜롭게 꾸미고 역사 안에 자신을 부각시키려고 노력하면서도 심판을 염려하고 과거의 흐름을 현실에 적용하고 미래를 바라보며 열심히 달려가고 있다.

02
성경에 나타난 지도자의 모습

인간은 역사의 효율성을 높이기 위해 유능한 지도자를 세운다. 두세 사람이 모이면 그중 한 사람은 지도자가 되어 다른 사람을 이끌어가고 나머지 사람들도 지도자가 될 준비를 한다. 사람들은 한 세대라는 한정된 삶의 연속에 매여 있는 약점을 지닌 인간의 역사에 활력을 부어 지속시켜 줄 지도자를 갈망하기 때문이다.

지도자 중에는 평생 지도자와 선출직 지도자가 있다. 혈육 안에서 가장 노릇을 하거나 사업을 하는 지도자가 평생 지도자에 해당한다면 국가와 사회 안에서 권력을 누리면서도 독재와 부패의 부작용을 방지하기 위한 지도자는 선출직 지도자라고 할 수 있다. 사람들은 가문의 의무나 기업을 잇는 지도자보다 세상에 군림하며 명예를 얻고 호령할 수 있는 세속의 권력형 지도자를 더 선호한다. 그래서 역사의 흐름을 보면 왕이나 정치적 절대 권력을 가진 지도자가 역사의 주역이 되고 그들의 통치를 필요로 하는 사람들은 역사를 만드는 문화의 조연처럼 보이기도 한다. 하지만 실제로는 역사를 인식하고 철학과 과학, 문화를 만들어내는 개성을 가진 모든 사람들이 진실한 주역 노릇을 하고 있다.

> 모든 일을 그의 뜻의 결정대로 일하시는 이의 계획을 따라 우리가 예정을 입어 그 안에서 기업이 되었으니 이는 우리가 그리스도 안에서 전부터 바라던 그의 영광의 찬송이 되게 하려 하심이라(엡 1:11~12).

성경은 인간이 조직적으로 활동하며 엮어나가는 역사를 하나님의 기업이라고 밝히고 있다. 인간 사회의 기초가 되는 가정에서부터 집안 가문, 국가 등 그 규모가 방대해질수록 조직이 다양해지고 그 조직을 이끄는 지도자의 역할은 중요해진다. 조직과 지도자의 조합은 세상을 이끄는 원동력이 되어 역사의 효율성을 높여 준다.

교회에도 세상처럼 다양한 조직이 존재한다. 목사, 장로, 집사 등의 지도자가 세워져 있다. 세상이라는 거대한 조직과 교회 조직은 분리되어 상관이 없는 것 같지만 같은 역사 안에서 영과 육의 주역이 되어 각기 맡겨진 자리에서 사명을 다하고 있다.

성경은 창조주 하나님이 만드신 우주, 역사의 주역인 인류의 발자취와 함께 역사의 진실한 실상을 깨우쳐주고 역사를 이끌어가는 지도자의 역할을 설명하고 있다. 하나님의 창조 섭리의 뜻이 죄인 된 인간의 구원을 위한 예수 그리스도의 세계 안에서 역사의 리더로 세워진 지도자의 사명이 얼마나 중대한가를 강조하고 있는 것이다.

지도자에 대한 진실한 역사의 증언

우리는 구전과 부분적인 기록을 통해 지나간 역사에 대한 실상을 미약

하게나마 파악하고 있다. 미지의 인류 탄생 과정과 고대 역사의 실상이
나 그 흐름 속에 감춰진 진실에 대해서는 잘 알지 못한 채 이성이나 과학
의 증거를 통해 이해하고 있는 실정이다.

죄로 인해 영적 능력이 잠재워진 인간은 하나님의 창조 목적과 우주
적인 현주소, 그리고 장차 어떻게 살아가야 하는지에 대해서는 더더욱
알기 어렵다. 나약한 인간 역사를 이끌어가고 있는 지도자의 실상과 사
명과 책임에 대해서도 알기 어렵다. 인간 역사의 진실과 그 안에 감춰진
심오한 진리를 자세히 설명해주고 있는 것은 오직 하나님의 사랑의 계시
가 풍성히 담겨 있는 성경뿐이다.

우리가 몸담고 바라보며 인지하는 우주는 하나님의 창조물이다. 이
엄연한 진리는 하나님을 믿고 사랑하고 예수 그리스도의 구원의 은혜를
시인하고 성경의 계시를 좇아 순종하며 살아가는 사람들 외에는 깨닫지
못한다. 그것은 영의 눈이 먼 사람들이 다양한 철학과 풍부한 인본주의
지식과 첨단 과학으로 연구해도 거부할 수 없는 진실이며 어떤 종교인
들도 부인하지 못하는 사실이다.

오직 성경만이 생명의 시작과 함께 가족 형성과 인류 사회의 발전을
설명하고 인류 역사를 이끌어가는 지도자의 막중한 활동과 역할에 대해
밝혀주고 있기 때문이다.

영원부터 만물을 창조하신 하나님 속에 감추어졌던 비밀의 경륜이 어떠한 것을
드러내게 하려 하심이라(엡 3:9).

우주를 창조하신 분은 하나님이시다. 우주 창조에 대해 성경만이 확실
하게 그 비밀을 밝히고 있기 때문에 이 말씀을 인정하지 않고서는 인간

역사에 대해 이해할 수 없다. 하나님은 천지창조 마지막 날 우주를 맡아서 관리할 인간을 만드셨다.

첫 인간 지도자, 아담

인간은 하나님의 축복과 명령으로 우주 만물을 맡아 관리하는 청지기로 창조되었다. 하나님의 영광을 찬송할 제사장으로 임명된 것이다. 창조주 하나님의 뜻에 따라 사랑의 상대로서 우주의 청지기가 된 인간은 모두가 지도자의 사명을 감당할 능력을 부여받았다. 하나님은 태초에 인간을 만드실 때 인간에게 생육하고 번성하고 땅을 정복할 권한을 주시고 무리의 법칙 아래 우주 만물을 다스리는 막강한 권력을 가진 하나님의 지도자로 세워주셨기 때문이다.

하나님은 씨 뿌리는 우주 경영 법칙에 따라 인류의 씨를 생산할 수 있는 능력을 가진 아담을 창조하시고 이어 그 남자의 씨를 받아 생명을 탄생시킬 수 있는 내조자로서 여자인 하와를 만드셨다. 이들 첫 부부를 시작으로 모든 인간들은 생육하고 번성하며 땅을 정복하는 생산적 사명과 함께 사랑하며 살아가는 삶을 얻게 되었다. 뿐만 아니라 씨 뿌리며 생육하는 본성과 함께 부성애와 모성애로 가정과 사회를 바르게 이끄는 능력을 은혜로 받았다.

아담은 최초의 가장으로서 인류의 첫 지도자의 사명을 받은 귀한 존재다. 그리고 영원한 생명을 사랑하는 하나님의 뜻에 순종하는 제사장으로 임명되었다.

여호와 하나님이 그 땅에서 보기에 아름답고 먹기에 좋은 나무가 나게 하시니

동산 가운데에는 생명 나무와 선악을 알게 하는 나무도 있더라(창 2:9).

하나님은 아담에게 에덴동산에 있는 선악을 알게 하는 나무의 열매는 먹지 말라고 하셨다. "네가 먹는 날에는 반드시 죽으리라" 하셨다. 하지만 어찌 된 일인지 선하고 착하게 살며 하나님을 기쁘게 해드리는 제사장이며 우주를 다스리는 첫 가정의 가장 역할에 충실해야 했던 아담은 뱀으로 가장한 악한 마귀의 꾐에 넘어간 하와와 함께 하나님이 엄하게 금하신 선악을 알게 하는 나무의 열매를 덥석 받아먹고 말았다.

또 여자에게 이르시되 내가 네게 임신하는 고통을 크게 더하리니 네가 수고하고 자식을 낳을 것이며 너는 남편을 원하고 남편은 너를 다스릴 것이니라 하시고 아담에게 이르시되 네가 네 아내의 말을 듣고 내가 네게 먹지 말라 한 나무의 열매를 먹었은즉 땅은 너로 말미암아 저주를 받고 너는 네 평생에 수고하여야 그 소산을 먹으리라 땅이 네게 가시덤불과 엉겅퀴를 낼 것이라 네가 먹을 것은 밭의 채소인즉 네가 흙으로 돌아갈 때까지 얼굴에 땀을 흘려야 먹을 것을 먹으리니 네가 그것에서 취함을 입었음이라 너는 흙이니 흙으로 돌아갈 것이니라 하시니라 (창 3:16~19).

하나님은 인간의 불순종한 죄를 엄히 추궁하시고 그 죗값을 치르게 하셨다. 첫 사람 아담은 지도자의 권위를 상실하고 이상향인 에덴동산에서 쫓겨나 마귀가 지배하는 세상에서 고통스럽게 살게 되었다.

낙원에서 추방되어 악한 마귀가 권세를 잡은 육적인 이 세상에 옮겨 살게 된 인간들은 선한 지도력을 상실하고 제 기분대로 생각하며 멋대로 살아가는, 죄악으로 희비가 엇갈리는 지도자의 길을 걷게 되었다.

세월이 지난 후 아담은 그의 아내 하와를 통해 가인과 아벨 형제를 낳았는데 형 가인은 농사를 짓는 자가 되고 아우 아벨은 양을 치는 자가 되었다.

에덴의 동쪽에서 살게 된 가인은 어느 날 부모의 교훈에 따라 땅의 소산으로 제물을 삼아 여호와께 드렸다. 그러나 하나님은 가인과 그의 제물은 받지 아니하시고 동생 아벨이 드리는 짐승의 피 제사는 받아주셨다. 이 일로 인해 가인이 몹시 분개하여 안색이 변하자 하나님께서는 "네가 분하여 함은 어찌 됨이며 안색이 변함은 어찌 됨이냐"고 책망하셨다.

이 일로 가인은 아우 아벨에게 분풀이를 하게 된다. 아무도 보지 않는 들에 있을 때에 그의 아우 아벨을 돌로 쳐 죽이는 인류 첫 살인 사건을 저지르고 만 것이다.

하나님은 인간의 기본적 집단인 가정을 다스려야 할 가장인 가인의 죄를 엄중히 추궁하셨고 가인은 그 죄의 짐이 너무 무거운 것을 한탄했다.

가인은 하나님 앞을 떠나 에덴 동쪽 놋 땅에 거주하면서 그 아내에게서 아들 에녹을 낳았다. 그리고 그곳에 성을 쌓고 아들의 이름을 따 에녹 성이라고 불렀다. 유리하던 인간이 거주할 성을 쌓고 도시 문화 생활을 하게 된 다음 에녹의 후손 라멕은 아다와 씰라 두 여인을 아내로 맞이하여 다처 가정을 형성했다. 가인에 이어 자기에게 도전하던 소년을 죽인 라멕의 아내 아다는 야발을 낳았으니 그는 장막에 거주하며 가축을 치는 자의 조상이 되었고 그의 아우의 이름은 유발이니 그는 수금과 통소를 잡는 모든 자의 조상이 되었으며 씰라는 두발가인을 낳았으니 그는 구리와 쇠로 여러 가지 기구를 만드는 자가 되었다.

지도자인 가장의 범법 행위와 다문화 가정의 형성은 사회 구조적 죄악과 함께 지도자의 역할이 인류 역사에 악하게 반영되어 나타난다는 것을 보여주고 있다(창세기 4장). 인류 역사는 자유의지의 남용과 청지기 직분의 망각, 무분별한 아집에 사로잡힌 지도자의 범죄로 시작하여 역사를 의롭지 못한 방향으로 이끌며 멸망을 향하여 달려왔다.

하지만 자비로우시고 사랑이 많으신 하나님은 지도자에 의해 죽음의 구덩이로 빠져 들어가는 인간의 역사를 선한 영원의 생명으로 거듭날 수 있도록 결단하시고 그릇된 역사가 진실한 역사로 전환되도록 은혜를 베풀고 계신다.

하나님은 첫 사람 아담의 지도력의 실패로 악한 마귀의 꼭두각시 노릇을 하며 고통받던 인류를 위해 마지막 아담이며 하나님이 기뻐하시는 참지도자 예수 그리스도를 보내주셨다. 그리스도의 십자가 구원의 은혜로 막다른 죽음 앞에서 생명과 진리의 길로 나아갈 수 있도록 사랑을 베풀어주신 것이다.

노아의 방주와 물 심판

"여호와께서 사람의 죄악이 세상에 가득함과 그의 마음으로 생각하는 모든 계획이 항상 악할 뿐임을 보시고 땅 위에 사람 지으셨음을 한탄하사 마음에 근심하시고 이르시되 내가 창조한 사람을 내가 지면에서 쓸어버리되 사람으로부터 가축과 기는 것과 공중의 새까지 그리하리니 이는 내가 그것들을 지었음을 한탄함이니라 하시니라"(창 6:5∼7).

인간들의 생육과 번성의 역사가 각종 범죄를 양산하는 지경에 이르고 죄악의 도가니가 되면서 하나님을 슬프시게 했다. 하나님은 인간들이 심각하게 악에 물들어가는 것을 한탄하시고 인간을 심판하시기 위해 의인

노아를 지도자로 부르시고 방주를 만들게 하셨다. 노아는 지도자로서 손색이 없었다. 하나님의 경고를 무시하는 인간들의 비웃음과 방해에도 불구하고 방주 만들기에 매달리며 하나님의 심판에 대비했다. 노아의 세 아들과 며느리들은 120년이나 걸리는 고달픈 방주 건조 작업에 순종하며 따랐다.

노아가 600세가 되던 해 드디어 방주에 각 짐승 한 쌍씩과 가족이 들어가자 큰 깊음의 샘이 터지고 하늘의 창들이 열려 40주야에 비가 쏟아져 땅을 덮고 지상에 있던 모든 생물들이 멸망하고 말았다. 하나님의 홍수 심판 후 노아는 제단을 쌓고 제사를 드렸다. 하나님은 인류의 지도자 역할을 잘 감당한 노아의 제사를 받으시고 그 믿음의 향기를 흠향하셨다. 그러고는 다시는 물의 심판을 하지 않겠다며 노아의 후손들이 번성해나가라고 축복하셨다(창 6~8장).

오랜 세월이 흐르면서 인간들은 더욱 번성했다. 그러나 번성하는 것에 비례해 하나님을 경배하는 것은 오히려 소홀하게 되었다. 그에 따라 인간 세상에는 다시 범죄가 늘어나기 시작했다.

지도자의 선동으로 발생한 바벨탑 사건

인간들은 번성했지만 하나님의 뜻과 말씀에 불순종하고, 영광의 예배를 소홀히 하며 음란한 생활을 하기 시작했다. 불순종의 정도가 지나치며 방자한 생각을 하게 되었다. 교만한 마음을 품고 타락한 마귀의 전철을 밟아 하나님께 감히 도전하며 하나님의 복을 인간의 마음대로 끌어다 누리자고 선동하는 지도자의 충동에 놀아나게 되었다. 결국 인간은 하나님의 청지기 제사장의 사명을 망각하고 분수에 넘치는 욕심으로 바벨탑 사건을 일으키고 말았다.

태초 후의 인간 사회는 언어가 하나였으며 문화와 관습과 법도 하나로 된 평화로운 삶을 살고 있었다. 하지만 인간들은 하나님의 청지기이며 제사장의 우주적인 직분과 사명을 망각하고 분수에 넘치는 욕심을 부렸다. 에덴동산에서 죄를 짓고 추방된 한을 인간의 욕망과 능력으로 해결하려고 겁 없이 하나님께 다가가려고 했다. 그리스도의 세계 안에서 펼쳐지고 있는 구원의 섭리를 깨닫지 못하고 지도자들의 선동에 놀아난 인간은 자신들의 능력으로 땅을 정복하겠다는 어리석은 생각으로 하나님의 권위에 도전하려고 했다.

바벨탑 사건은 인간을 사랑하시는 하나님과 그리스도의 구원의 진리에 대해 무식했던 인간 지도자의 야망에 맹목적으로 추종하던 인간들의 분별없는 행동으로 발생한 인류의 첫 비극적 사건이다.

> 온 땅의 언어가 하나요 말이 하나였더라 이에 그들이 동방으로 옮기다가 시날 평지를 만나 거기 거류하며 서로 말하되 자, 벽돌을 만들어 견고히 굽자 하고 이에 벽돌로 돌을 대신하며 역청으로 진흙을 대신하고 또 말하되 자, 성읍과 탑을 건설하여 그 탑 꼭대기를 하늘에 닿게 하여 우리 이름을 내고 온 지면에 흩어짐을 면하자 하였더니 여호와께서 사람들이 건설하는 그 성읍과 탑을 보려고 내려오셨더라(창 11:1~5).

성경은 바벨탑 사건을 하나님의 뜻에 불순종하는 인류를 징벌하시는 상징으로 표현하고 있다. 바벨탑 사건을 일으킨 사람들은 다 하나님을 알고 있었다. 그들은 인간이 죄인인 것과 하나님의 저주를 받아 이 세상에서 고생하며 죽어야 한다는 강박감에 사로잡혀 있었다. 유능한 지도자

밑에서 안락하게 번성하며 살기를 원했지만 자연의 법칙에 따라 서로 먼 곳으로 분산하여 살아야 한다는 현실에 고민하면서 이를 면하고픈 생각과 함께 무거운 죄의 사면을 단판 지으려는 속셈으로 하나님을 만나려고 했다. 이들은 하나님의 구원의 뜻과 섭리를 잘 알지 못했지만 기도하면 응답하시는 자비로운 하나님이시라는 것을 알고 억지를 부리고 떼를 쓰기 위해 바벨탑 쌓기에 열중했던 것 같다.

인류가 쌓아 올린 건축물 중에 최초의 높은 건축물인 바벨탑은 중동 지역의 메소포타미아 시날 평지에 세워졌다. 탑 모양은 성채와 같은 신전으로 만들어졌다고 한다.

육각형의 토대 위에 세워진 7층 높이의 거대한 탑은 구운 벽돌을 역청으로 쌓아올렸고 바닥에서 탑의 꼭대기로 올라가는 계단을 설치하고 하늘에 계시는 하나님이 이 계단을 통해 내려와 인간들과 대화를 나누게 될 수 있을 것이라고 여겼다.

바벨탑 사건으로 인한 결과

하나님이 주신 지적 능력과 자유의지를 악용한 교만한 지도자의 충동에 놀아난 민중은 하나님께 대항하는 바벨탑을 쌓는 놀라운 위력을 발휘했다. 이는 "번성하고 생육하고 땅에 충만하라"는 하나님의 뜻 안에서 영농하시는 구원의 섭리를 거역하고 자신의 능력으로 이 땅 위에 낙원을 건설하려는 무지하고 왜곡된 인간의 신앙심이 저지른 범죄 행위였다. 하나님께서는 인본주의적 발상과 죄악에 물든 교만한 생각으로 하늘 높이 탑을 건설하여 하나님의 주권적인 영광에 도전하려는 행위를 결코 용서하실 수 없었다.

여호와께서 이르시되 이 무리가 한 족속이요 언어도 하나이므로 이같이 시작하였으니 이 후로는 그 하고자 하는 일을 막을 수 없으리로다 자, 우리가 내려가서 거기서 그들의 언어를 혼잡하게 하여 그들이 서로 알아듣지 못하게 하자 하시고 여호와께서 거기서 그들을 온 지면에 흩으셨으므로 그들이 그 도시를 건설하기를 그쳤더라 그러므로 그 이름을 바벨이라 하니 이는 여호와께서 거기서 온 땅의 언어를 혼잡하게 하셨음이니라 여호와께서 거기서 그들을 온 지면에 흩으셨더라 (창 11:6~9).

하나님의 구원의 진리와 사랑의 섭리를 무시한 어리석은 인간들의 생각과 행동은 인류 역사의 방향이 더욱 악하고 고달프게 흐르도록 자초했다. 모세의 출애굽 사건, 노아의 물 심판을 통해 징계하시며 교훈하시던 하나님은 말을 서로 알아듣지 못하도록 혼잡하게 하시는 경이로운 발상으로 인간들의 사상이 갈라지고 민족과 국가로 흩어져 각기 다른 문화를 형성하며 서로 반목하고 미워하며 분쟁 속에서 신음하도록 방치하셨다.

바벨탑 사건은 하나님의 씨 뿌리는 우주 경영 법칙에 따라 아름답게 새 생명으로 성장해야 할 역사를 곡해한 지도자의 우매한 행동에서 빚어진 비극의 상징이다. 죄 많은 인간들이 하나님의 사랑을 다시 얻고 싶은 본능적인 욕구를 왜곡하고 악용한 사건이다.

하나님을 무시하는 민중들의 삶의 불만을 충동질해서 지도자의 권위를 확증하려는 악한 저의로 발생한 사건이다. 당시 지도자도 확실한 지식이나 목적이 없이 막연한 기대감으로 선동했던 것으로 보인다. 이는 악을 선으로 거짓을 진리로 돌이키시는 하나님의 섭리이기도 하다.

그와 함께 음행하고 사치하던 땅의 왕들이 그가 불타는 연기를 보고 위하여 울고 가슴을 치며 그의 고통을 무서워하여 멀리 서서 이르되 화 있도다 화 있도다 큰 성, 견고한 성 바벨론이여 한 시간에 네 심판이 이르렀다 하리로다(계 18:9~10).

바벨탑 사건은 많은 사람들이 공유한 사상과 신앙의 갈망이 반영되어 발생한 사건이며 그 중심에는 그릇되게 인도하는 지도자와 그 선동에 부종하는 어리석은 추종자들이 있었다. 바벨탑의 교훈은 예정되어 있는 그리스도의 심판의 축소판이며 경고로서 지금도 이 세상 안에서 재발하고 있는 사건들의 모형이라는 것을 깨달아야 한다.

바벨탑 사건 후에 인간은 전 세계 오대양 육대주로 흩어져 2만 여 개의 부족 사회를 형성했다. 3,000여 개의 방언으로 언어가 혼잡해진 인간들은 혈통을 존중하고 지혜로운 연장자를 족장으로 추대하여 지도하는 집단생활을 하게 되었다.

한 가족의 지도자인 가장의 권위는 절대적이고 그 지도자의 인생관과 양육 방법은 가족들의 인격과 삶에 고스란히 반영되어 나타난다. 올바른 가정교육과 환경은 바른 인간을 키워내지만, 죄로 얼룩진 가장의 지도를 받은 자녀들은 자칫 범죄의 길로 가기 쉽다. 또 직장에서나 학교에서 친구를 잘못 사귀고 인생길을 잘못 걸어가는 사람들이 적지 않다.

지도자는 역사 안에서 평가받는다. "호랑이는 죽어서 가죽을 남기고 사람은 죽어서 이름을 남긴다"는 속담처럼 인간 지도자들은 명예를 남기기 위해 최고의 지도자 자리를 차지하려고 한다. 하지만 지도자에게 주어지는 막강한 권력은 절대적 지배를 위한 탐심을 유발하고 그 욕망은 사라질 명예와 재물의 소유욕으로 치닫게 한다. 이런 유혹이 그 마음

의 밑바닥에 깔려 있거나 그 욕심으로 인생 목표를 설정하고 정의라는
이름으로 권력을 남용하며 역사를 어지럽게 이끌다가 사람들을 곤경에
빠지게 하는 지도자가 적지 않은 실정이다. 하지만 의롭지 못한 지도자
에게는 항상 견제하는 반대파가 있기 마련이다. 옳지 못한 지도자들은
반항하는 소수를 대의라는 명분으로 억압하지만 잠재된 다수에 의한 개
혁의 요구로 비참한 종지부를 찍기도 한다.

역사를 이끌 지도자를 부르시는 하나님

인간들은 과거의 역사를 인식하고 역사의 교훈을 현재에 적용하기를 좋아한다. 또한 이를 통해 미지의 역사에 대한 불안감을 해소하기 위해 노력한다. 그리고 죄악 속에서 요동치는 역사의 고비들을 지혜롭게 극복하려고 지도자를 세워 삶의 안정을 도모한다.

모진 자연재해와 사나운 짐승들의 공격 앞에 너무나 연약한 인간들은 개인의 방어 능력의 한계를 통감하고 자신과 가족의 안전을 위해 지도자를 필요로 한다. 하지만 사람이 많이 모여 살면 여러 욕망적인 문제가 생겨나서 갈등이 심해지고 살육과 분쟁과 비참한 전쟁이 발생하기 쉽다. 이런 골치 아픈 문제들을 해소하기 위해 어쩔 수 없이 집단을 만들고 지도자에게 통치권을 주고 다스리도록 한다.

성경은 이 세상의 철학 연구나 고고학적 탐구로 알아낼 수 없는 역사의 발달 과정에 대해 인류 구원을 위해 하나님께서 지도자를 세워 진행하신다고 설명하고 있다.

역사를 기록할 수 없었던 고대 사회에서는 본능적인 집단 보호의 욕구로 힘이 있고 지혜로운 사람이 지도자가 되었다. 그러나 인구가 늘어나고 인간의 이성과 지혜가 발달하면서부터는 기본적인 지도 체계를 갖추어 인류를 보존하는 지도자의 세계가 열리게 되었다.

신약의 첫 머리에 있는 예수 그리스도의 세계에 대한 말씀에는 계보적인 인명이 연대대로 나열되어 있다. 이 계보는 인류의 구원을 위한 하나님의 섭리가 인간 지도자에 의해 진행되고 있다는 역사의 진실을 설명하고 있는 것이다. 올바른 지도자와 타락한 지도자, 음란한 여인과 순결한 여인들에 의해 지속되는 족보가 기록되어 있기 때문에 성경이 무엇을 깨닫게 하려는지 믿음으로 바라보아야 한다.

아브라함 이전의 역사는 창세기 1장부터 11장까지에 기록되어 있다. 12장부터는 인류 역사를 이끌어온 지도자의 행적을 기록하고 있다.

인간의 역사는 지도자의 범죄로 출발했고 이는 저주의 삶으로 이어지게 되었다. 하나님을 떠났지만 번성해나가던 인간들은 사회를 조직화하거나 법으로 통제할 줄 모르고, 인간을 바르게 인도할 지도자가 없는 상태에서 제멋대로 마음 내키는 대로 살았다. 결국 인간은 동물적 본성으로 살며 음란과 분쟁으로 타락하기 시작했다.

큰 지도자인 국가의 왕이나 통치자들은 하늘이 지명하고 내린 사람이라고 한다. 그래서인지 법을 만들거나 초월해서 군림하며, 사람들의 생사를 좌우할 수 있는 막강한 권력을 인정하게 된다. 성경은 인류 역사의 큰 흐름을 이끌어온 지도자는 하나님이 세워주셨다고 밝히고 있다.

믿음의 지도자 아브라함의 족장 시대

> 여호와께서 아브람에게 이르시되 너는 너의 고향과 친척과 아버지의 집을 떠나 내가 네게 보여 줄 땅으로 가라 내가 너로 큰 민족을 이루고 네게 복을 주어 네 이름을 창대하게 하리니 너는 복이 될지라 너를 축복하는 자에게는 내가 복을 내리고 너를 저주하는 자에게는 내가 저주하리니 땅의 모든 족속이 너로 말미암아 복을 얻을 것이라 하신지라(창 12:1~3).

인간 구원을 현실화하신 하나님은 아브라함을 인류의 대표로 선택하시고 부르셨다. 아브라함은 인생 나그네의 본보기로서 하나님의 구원에 초대받은 첫 믿음의 조상이며 부족장인 지도자가 되었다.

아브라함의 행적은 죄인들을 믿음으로 인도하시며 참된 구원의 역사적 사랑의 완성을 향한 첫발을 내딛는 인간의 삶을 대변하고 있다. 서자 이스마엘의 탄생과 혈통적 아들 이삭의 제물 사건 등을 통해 역사의 주역으로서 지도자의 사명과 책임이 얼마나 중대한가를 깨닫게 한다.

가나안 땅에 도착한 아브라함의 조카 롯은 요단의 소돔과 고모라 땅을 선택하고 이주했다. 하지만 그 땅에 살던 사람들의 음란과 타락한 행위는 하나님의 진노를 샀고 끝내 유황과 불을 비같이 쏟아부어 멸망시키는 징벌을 받는 지경에 이르렀다. 그 와중에 천사의 도움으로 산으로 도망치던 롯의 아내는 재물에 미련이 남아 뒤돌아보다가 소금기둥이 되는 비극을 맞이했다. 그 후 롯은 두 딸의 인류 존속을 명분으로 하는 음란한 행위에 넘어가 비극의 씨앗이 되는 자손을 낳았다.

> 이튿날 큰 딸이 작은 딸에게 이르되 어제 밤에는 내가 우리 아버지와 동침하였으

니 오늘 밤에도 우리가 아버지에게 술을 마시게 하고 네가 들어가 동침하고 우
리가 아버지로 말미암아 후손을 이어가자 하고 그 밤에도 그들이 아버지에게 술
을 마시게 하고 작은 딸이 일어나 아버지와 동침하니라 그러나 아버지는 그 딸
이 눕고 일어나는 것을 깨닫지 못하였더라 롯의 두 딸이 아버지로 말미암아 임신
하고 큰 딸은 아들을 낳아 이름을 모압이라 하였으니 오늘날 모압의 조상이요
작은 딸도 아들을 낳아 이름을 벤암미라 하였으니 오늘날 암몬 자손의 조상이
었더라(창 19:34~38).

하나님이 택하신 지도자 아브라함을 떠나 기름진 땅을 쫓아갔던 롯
의 이기심으로 탄생한 모압과 암몬, 그리고 그 후에 장자권을 잃은 이
삭의 아들 에서의 후손들은 점차 번성했다. 하지만 이들은 서자의 설움
과 장자의 명분을 잃은 한풀이를 역사적으로 현실화하며 지금도 지구
촌을 전쟁과 테러의 공포 속으로 몰아넣고 있다.

민족의 뿌리 열두 지파를 형성한 지도자 야곱과 그 아들 요셉

아브라함과 이삭을 거쳐 사기를 쳐서 가문의 장자권을 얻은 야곱의 시
대가 열린다. 야곱은 열두 명의 자녀들을 낳고 그들을 지도자로 삼아 이
스라엘 민족의 뿌리를 이루는 열두 지파를 형성하게 했다. 이스라엘의
열두 지파는 젖과 꿀이 흐르는 가나안을 정복하는 역사를 수행했고, 원
주민들을 가혹하게 몰아내며 정착했다. 유목민 이스라엘이 하나님의 인
도로 국가를 형성하는 기틀을 마련한 것이다. 이스라엘 사람들은 가나
안 땅을 복지라고 생각했지만 하나님은 나그네 인생들이 머물다 가는
신앙의 훈련소로 삼으셨다.

이후 하나님은 이스라엘이 죄에 사로잡혀 죽을 고생을 하지만 구원하시는 예표인 출애굽 사건을 준비하셨다. 야곱의 막내아들인 요셉은 꿈에 자신이 형제들의 지도자가 될 것이라는 계시를 받고 그것을 형들에게 이야기했다가 미움을 받아 은 스무 냥에 애굽에 노예로 팔려갔다.

하나님의 인류 구원의 뜻에 따라 선택받은 요셉은 애굽에서도 간통의 누명으로 옥에 갇히는 고난을 겪었지만 하나님의 도우심으로 애굽을 멋지게 통치하는 총리의 자리에 오르게 된다. 이때 가나안 땅에 살던 요셉의 아버지 야곱과 열한 명의 형제들은 큰 기근으로 고생하다가 풍요로운 애굽에 구원을 요청하면서 요셉을 만나 애굽에 정착하게 된다. 하지만 400년이 흐른 다음 이스라엘 민족은 바로 왕의 노예가 되어 극심한 고통을 받게 되고, 인류 역사는 예수 그리스도의 구원을 상징하는 출애굽 사건으로 발전한다.

민족을 구원한 지도자 모세

> 그가 그 백성에게 이르되 이 백성 이스라엘 자손이 우리보다 많고 강하도다 자, 우리가 그들에게 대하여 지혜롭게 하자 두렵건대 그들이 더 많게 되면 전쟁이 일어날 때에 우리 대적과 합하여 우리와 싸우고 이 땅에서 나갈까 하노라 하고 감독들을 그들 위에 세우고 그들에게 무거운 짐을 지워 괴롭게 하여 무거운 짐을 지워 괴롭게 하여 그들에게 바로를 위하여 국고성 비돔과 라암셋을 건축하게 하니라 그러나 학대를 받을수록 더욱 번성하여 퍼져나가니 애굽 사람이 이스라엘 자손으로 말미암아 근심하여 이스라엘 자손에게 일을 엄하게 시켜 어려운 노동으로 그들의 생활을 괴롭게 하니 곧 흙 이기기와 벽돌 굽기와 농사의 여러 가지 일이라 그 시키는 일이 모두 엄하였더라(출 1:9~14).

　기근으로 고생하던 이스라엘 사람들을 도와주었던 애굽 왕 바로는 하나님이 함께하시는 이스라엘 사람들이 크게 번성해나가자 경계하게 되었다. 이스라엘 사람들의 번성을 방해하면서도 노예로 부려먹기 위해 강제 노역을 시키고 또 남자아이가 탄생하면 죽이고 집안 일을 시키기 좋은 여자아이들만 살려두는 악행을 저질렀다. 이러한 역경 속에서 신음하던 이스라엘 사람들을 위해 하나님은 모세를 지도자로 삼아 택하신 백성을 구원하는 역사를 펼치셨다.

　이스라엘 민족의 지도자 모세는 방주와 같은 바구니에 담겨 나일 강가 갈대 숲 속에 버려졌다가 바로의 딸에게 발견되어 양자가 되었다. 이후 애굽의 궁궐에서 황실의 고등교육을 받으며 지도자로 훈련받는다. 모세는 마흔 살에 동족인 히브리 사람을 괴롭히던 애굽 사람을 쳐 죽이는 사건으로 인해 바로 왕의 격분을 사고 죽음을 피해 광야로 도망치고 만다. 이후 광야에서 미디안의 제사장 이드로를 만나 양을 치는 자가 되고 그의 사위가 되어 새로운 삶을 시작한다.

　양치기 생활로 광야 적응 훈련을 받으며 40년이 흐른 어느 날 80세가 된 모세는 하나님의 부르심을 받게 된다. 하나님의 천사가 모세를 호렙산에서 부르고 떨기나무 불꽃 가운데 나타나 하나님의 음성을 듣게 했다. 하나님은 타지 않는 떨기나무를 보려고 다가오는 모세에게 고통받고 있는 이스라엘 민족을 구원하는 지도자로 임명한다고 말씀하셨다.

여호와께서 그가 보려고 돌이켜 오는 것을 보신지라 하나님이 떨기나무 가운데서 그를 불러 이르시되 모세야 모세야 하시매 그가 이르되 내가 여기 있나이다 하나님이 이르시되 이리로 가까이 오지 말라 네가 선 곳은 거룩한 땅이니 네 발에서 신을 벗으라 또 이르시되 나는 네 조상의 하나님이니 아브라함의 하나님, 이삭의 하나님, 야곱의 하나님이니라 모세가 하나님 뵈옵기를 두려워하여 얼굴을 가리매 여호와께서 이르시되 내가 애굽에 있는 내 백성의 고통을 분명히 보고 그들이 그들의 감독자로 말미암아 부르짖음을 듣고 그 근심을 알고 내가 내려가서 그들을 애굽인의 손에서 건져내고 그들을 그 땅에서 인도하여 아름답고 광대한 땅, 젖과 꿀이 흐르는 땅 곧 가나안 족속, 헷 족속, 아모리 족속, 브리스 족속, 히위 족속, 여부스 족속의 지방에 데려가려 하노라(출 3:4~8).

드디어 예수 그리스도의 예정하신 구원의 섭리를 예표로 하는 출애굽의 대역사가 시작되었다. 애굽 왕자의 자리에서 살인하고 도망친 히브리 노예인 모세가 하나님의 부르심을 받아 당당하게 바로 왕의 앞에 서게 된 것이다. 그는 바로에게 60만 명이 넘는 노예 노릇을 하던 이스라엘 사람들을 해방시켜 자유인이 되게 하라고 통쾌하게 요구했다. 하지만 바로 왕의 당연한 거부에 난감하게 되었다. 하나님이 뜻하신 것을 인간이 절대 거절할 수는 없다는 것을 바로 왕은 모르고 있었다.

이스라엘 민족의 지도자로 변신해 나타난 모세가 하나님의 권능으로 행하는 기적에 당황했다. 모세가 지팡이를 뱀으로 변하게 하는 이적부터 개구리, 이, 파리, 악질, 독종, 우박, 메뚜기, 흑암의 재앙을 보면서도 완강하게 저항하며 거부했던 바로 왕은 모든 사람의 장자와 동물의 첫 새끼가 죽는 징벌을 당하고 나서야 비로소 굴복했다. 이스라엘 사람들에게 금은 등 패물까지 주며 출애굽을 허락하고 말았다. 모세와 이스라엘 사람들은 예수 그리스도의 구속의 제사를 뜻하는 양의 피를 문설주에 바르는 의식을 거행하고 출애굽의 길에 오를 수 있었다. 하지만 이스라엘 사람들의 믿음은 연약했다. 양치기로만 보이는 지도자 모세를 온전하게 신뢰하지 않았고 그의 권위도 미약했다. 하나님은 미련이 남

아 있던 바로 왕의 마음을 강퍅하게 하시고 이스라엘 사람들을 다시 잡
아오도록 하셨다. 바로 왕의 추격대가 홍해 바다 앞에 다다른 이스라엘
의 뒤를 쫓아오고 있었다.

모세를 통한 하나님의 구원의 손길

바로가 가까이 올 때에 이스라엘 자손이 눈을 들어 본즉 애굽 사람들이 자기들
뒤에 이른지라 이스라엘 자손이 심히 두려워하여 여호와께 부르짖고 그들이 또
모세에게 이르되 애굽에 매장지가 없어서 당신이 우리를 이끌어 내어 이 광야에
서 죽게 하느냐 어찌하여 당신이 우리를 애굽에서 이끌어 내어 우리에게 이같이
하느냐 우리가 애굽에서 당신에게 이른 말이 이것이 아니냐 이르기를 우리를 내
버려 두라 우리가 애굽 사람을 섬길 것이라 하지 아니하더냐 애굽 사람을 섬기
는 것이 광야에서 죽는 것보다 낫겠노라 모세가 백성에게 이르되 너희는 두려워
하지 말고 가만히 서서 여호와께서 오늘 너희를 위하여 행하시는 구원을 보라 너
희가 오늘 본 애굽 사람을 영원히 다시 보지 아니하리라(출 14:10~13).

하나님은 모세에게 이스라엘 사람들을 계속 전진하게 하라고 명령하셨
다. 그리고 모세로 하여금 지팡이를 들고 손을 바다로 내밀어 바다가 갈
라지게 하고 이스라엘 사람들을 바다 가운데 마른 땅으로 행진하게 하
셨다.

그 유명한 홍해 바다가 갈라지는 이적을 통해 이스라엘은 다시 진군
하게 되었다. 하나님은 홍해의 기적을 통해 이스라엘 사람들이 하나님
의 사랑과 구원의 은혜를 실감하게 하셨다. 강력한 병거와 무기를 들고
무서운 기세로 쫓아오던 압제자 바로의 군대를 보고 전전긍긍했으나

그들이 깊은 바다에 휩싸여 몰살되는 웅장한 기적의 드라마를 목격했다. 하나님은 이스라엘 민족이 택하신 지도자를 통해 기적을 체험하게 하시며 순종하는 법을 가르치고 하나님께 영광을 돌리게 하셨다.

하지만 아름답고 광활한 젖과 꿀이 흐르는 가나안 복지를 마음에 그리며 맹목적으로 미지의 세상을 향해 길을 나섰던 이스라엘 사람들은 낮이면 무덥고 밤이면 몹시 춥고 모래 폭풍우가 덮치는 등 또다시 시작된 고통스러운 생활에 진절머리가 났다. 다시 고난이 겹치자 지도자 모세에게 대들기 시작했고 그 원망은 모세를 죽이려고 하는 항거 소동으로 번졌다. 모세의 지도력과 권위가 큰 위기를 맞이하게 되었다.

민중들의 항거가 반란으로 번질 것 같은 큰 혼란 앞에서도 지도자 모세는 담대했다. "왜 나를 원망하느냐. 하나님께서 너희를 위하여 싸우실 것이라"라며 큰 소리로 말했다.

하나님은 오직 기도로 도우심을 간구하는 모세에게 식량이 없을 때는 만나와 메추라기를 비처럼 내려 먹이시고 낮에는 구름기둥으로 밤에는 불기둥으로 돌보아주셨다. 물을 구할 수 없는 사막에서 목이 마르다고 아우성을 치면 반석에서 샘물이 솟아나는 이적으로 해결해주셨다.

이스라엘 사람들은 하나님의 택함을 받았지만 오랜 노예 생활로 인해 믿음이 없어졌기 때문에 광야 생활을 통해 다시 신앙 훈련을 받아야 했다. 또한 하나님의 지시를 받고 지도자 노릇을 하던 모세도 엄청나게 증가한 민중을 다스리기에는 역부족이었다. 함께했던 장인 이드로가 지도력의 한계를 통감하며 지쳐 있던 모세에게 인류 최초의 집단 경영 기법을 알려주었다.

이제 내 말을 들으라 내가 네게 방침을 가르치리니 하나님이 너와 함께 계실지

로다 너는 하나님 앞에서 그 백성을 위하여 그 사건들을 하나님께 가져오며 그
들에게 율례와 법도를 가르쳐서 마땅히 갈 길과 할 일을 그들에게 보이고 너는
또 온 백성 가운데서 능력 있는 사람들 곧 하나님을 두려워하며 진실하며 불의
한 이익을 미워하는 자를 살펴서 백성 위에 세워 천부장과 백부장과 오십부장과
십부장을 삼아 그들이 때를 따라 백성을 재판하게 하라 큰 일은 모두 네게 가져
갈 것이요 작은 일은 모두 그들이 스스로 재판할 것이니 그리하면 그들이 너와
함께 담당할 것인즉 일이 네게 쉬우리라 네가 만일 이 일을 하고 하나님께서도
네게 허락하시면 네가 이 일을 감당하고 이 모든 백성도 자기 곳으로 평안히 가
리라(출 18:19~23).

지도자 모세는 이 충고를 듣고 이스라엘 무리 중에서 능력 있는 사람들
을 택하여 그들을 백성의 우두머리 곧 천부장과 백부장과 오십부장과
십부장으로 삼아 체제를 조직하고 작은 일들은 그들에게 맡기고 크고
어려운 일은 모세가 해결했다.

3개월 후 모세의 지도를 받으며 이스라엘 백성들이 시내의 광야에 도
착하자 하나님은 율법을 주시며 하나님의 백성답게 살아가도록 신앙
교육을 시작하셨다. 하나님의 부르심을 받아 시내 산에 오른 모세는 연
기가 자욱한 불 가운데, 산이 진동하고 나팔 소리가 크게 울리는 가운
데 하나님의 음성을 들었다.

하나님께서는 자신을 "너를 종 되었던 애굽에서 인도해낸 여호와"라
고 말씀하시고는 십계명을 주셨다.

모세가 시내 산에서 하나님의 음성을 듣고 십계명을 받을 때 이스라
엘 군중은 우레와 번개와 나팔 소리와 산을 덮은 연기를 보며 하나님의
이적 앞에서 떨었다. 멀리 서서 모세에게 "당신이 우리에게 말씀하시면

듣겠습니다. 하나님이 우리에게 직접 말씀하시면 우리가 죽을까 겁이 납니다"라고 고백했다. 모세는 백성에게 이르되 "두려워하지 말라. 하나님이 임하신 것은 너희를 시험하고 너희로 경외하게 하시며 다시는 범죄하지 않게 하려고 하시는 것이라"고 설명해주었다.

하나님의 말씀은 온전한 법이다. 우주의 창조 섭리가 하나님의 법으로 만들어지며 역사되고 있다. 그러나 하나님을 떠난 인간들은 선한 법을 잊어버리고 악한 마귀의 법과 권세 아래서 신음해왔다. 이에 하나님께서는 새 생명을 주시기 위한 방편으로 율법을 주시고 하나님의 법으로 구원하시기로 하셨다. 하나님은 이스라엘 백성들의 신앙심을 보시고 모세에게 토단으로 제단을 쌓고 양과 소로 번제와 화목제를 드려 하나님을 경외하는 제사를 올리면 범사에 축복해주시겠다고 약속하시고 제사의 법을 가르쳐주셨다. 그리고 성령으로 충만한 사람을 지명하여 하나님이 임재하실 성전의 모형인 성막과 제단을 만들게 하셨다.

> 내가 유다 지파 훌의 손자요 우리의 아들인 브살렐을 지명하여 부르고 하나님의 영을 그에게 충만하게 하여 지혜와 총명과 지식과 여러 가지 재주로 정교한 일을 연구하여 금과 은과 놋으로 만들게 하며 보석을 깎아 물리며 여러 가지 기술로 나무를 새겨 만들게 하리라(출 31:2~5).

하나님께 산제사를 드리는 제단은 광야에서의 성막 성전이었으며 정착한 다음에는 솔로몬의 성전으로 세워지고 현재의 교회로 이어진다.

그러나 이스라엘 사람들은 변덕스러운 신앙생활을 했다. 모세가 기도하러 산에 올라간 틈을 타 금송아지로 우상을 만들기도 했다. 하지만 하나님은 지도자 모세의 간청으로 징계를 참으시고 돌 판에 새긴 십계명을 다시 주셨다. 모세는 하나님의 지시로 제사의 방법을 제도화했고 레위인을 택하여 제사장으로 삼고 모든 이스라엘 백성들은 제사장과 같은 사명을 지닌 민족이라는 것을 상기시켜주었다.

출애굽을 통해 중동의 가나안 땅에 정착한 이스라엘 사람들은 열두 지파로 세워졌다. 각 지파의 지도자를 선두로 젖과 꿀이 흐르는 가나안으로 진출하고 앞길을 가로막는 이방인들과 싸우며 지경을 넓히는 대장정의 역사가 펼쳐졌다.

사사의 시대

믿음의 조상 아브라함의 족장 시대를 거쳐, 민족 지도자 모세의 시대를 지나 여호수아의 인도로 가나안 복지에 정착한 그 후손들은 부족에서 민족을 이루는 발전을 거듭하면서 지경이 넓어지자 사사 시대를 맞이하게 되었다.

"권위를 시험하다"라는 어원과 "통치하다"의 뜻을 가진 이름의 지도자 사사들은 왕정 시대 이전의 과도기에 이스라엘을 구원하는 정치적 계파인 이스라엘 열두 지파를 연합하여 통치하는 지도자들이었다.

지도자 사사는 모두 열두 명이었으며 그들은 이스라엘 민족과 또 개인적인 위기 상황을 해결할 능력을 하나님으로부터 받고 그 능력을 이스라엘의 구원을 위해 사용했다. 사사들의 직무는 일시적인 것이었으며 왕조처럼 권력과 계승은 없었다. 사사 중에는 구산의 위협에서 유다를 구원한 옷니엘, 양털의 시험으로 여호와의 뜻을 구했던 기드온, 여장부 드보라, 머리카락의 괴력을 발휘하지만 이방 여인 들릴라에게 비밀을 누설하고 혼이 난 삼손 등이 활약했다.

사사 시대가 끝날 무렵 하나님의 사람 사무엘 제사장이 마지막 사사가 되어 이스라엘을 다스렸다. 하지만 사무엘이 늙어 직무를 수행하기 어렵게 되자 그의 아들 요엘과 아비야라가 사사 직을 대행했다. 그러나 이들이 뇌물을 좋아하고 재판을 그릇되게 하는 등 황포를 자행하자 이에 반발한 이스라엘 사람들이 사무엘에게 정치를 잘못하는 사사 제도를 파기하고 왕권 통치의 시대를 열어달라고 강청했다.

04

제왕이 군림하는 왕정 시대

이스라엘 모든 장로가 모여 라마에 있는 사무엘에게 나아가서 그에게 이르되 보소서 당신은 늙고 당신의 아들들은 당신의 행위를 따르지 아니하니 모든 나라와 같이 우리에게 왕을 세워 우리를 다스리게 하소서 한지라 우리에게 왕을 주어 우리를 다스리게 하라 했을 때에 사무엘이 그것을 기뻐하지 아니하여 여호와께 기도하매 여호와께서 사무엘에게 이르시되 백성이 네게 한 말을 다 들으라 이는 그들이 너를 버림이 아니요 나를 버려 자기들의 왕이 되지 못하게 함이니라 내가 그들을 애굽에서 인도하여 낸 날부터 오늘까지 그들이 모든 행사로 나를 버리고 다른 신들을 섬김 같이 네게도 그리하는도다 그러므로 그들의 말을 듣되 너는 그들에게 엄히 경고하고 그들을 다스릴 왕의 제도를 가르치라(삼상 8:4~9).

인구가 늘어나고 사회 구조가 다양하고 복잡해지면서 지도자의 자질이나 지도력이 백성들의 삶에 미치는 영향이 증대하게 되었다.

백성들이 좋은 지도자를 원하는 분위기가 높아지자 사무엘은 그 심각성을 깨닫고 하나님께 기도로 백성들의 요구를 보고하고 그들의 말대로 해주라는 승낙을 받았다.

전능하신 하나님은 제왕 제도로 발생하는 장단점의 심각성을 알지 못하는 백성들이 자유의지로 살아보겠다고 하는 요구를 수용하시고 사무엘을 통해 왕의 통치로 인해 발생하는 부작용과 받게 될 고난의 실상을 알려주셨다.

> 이르되 너희를 다스릴 왕의 제도는 이러하니라 그가 너희 아들들을 데려다가 그의 병거와 말을 어거하게 하리니 그들이 그 병거 앞에서 달릴 것이며 그가 또 너희의 아들들을 천부장과 오십부장을 삼을 것이며 자기 밭을 갈게 하고 자기 추수를 하게 할 것이며 자기 무기와 병거의 장비도 만들게 할 것이며 그가 또 너희의 딸들을 데려다가 향료 만드는 자와 요리하는 자와 떡 굽는 자로 삼을 것이며 그가 또 너희의 밭과 포도원과 감람원에서 제일 좋은 것을 가져다가 자기의 신하들에게 줄 것이며 그가 또 너희의 곡식과 포도원 소산의 십일조를 거두어 자기의 관리와 신하에게 줄 것이며 그가 또 너희의 노비와 가장 아름다운 소년과 나귀들을 끌어다가 자기 일을 시킬 것이며 너희의 양 떼의 십분의 일을 거두어 가리니 너희가 그의 종이 될 것이라 그 날에 너희는 너희가 택한 왕으로 말미암아 부르짖되 그 날에 여호와께서 너희에게 응답하지 아니하시리라 하니 백성이 사무엘의 말 듣기를 거절하여 이르되 아니로소이다 우리도 우리 왕이 있어야 하리니 우리도 다른 나라들 같이 되어 우리의 왕이 우리를 다스리며 우리 앞에 나가서 우리의 싸움을 싸워야 할 것이니이다 하는지라(삼상 8:11~20).

구약 시대 초기에는 하나님이 직접 백성들의 지도자와 말씀으로 대화하시고 지도하시며 다스리셨다. 말씀은 백성들의 정체성을 바르게 하는 기본이 되고 율법은 안녕과 질서 유지의 기틀이면서 사회생활의 지침이었다.

하지만 이제 백성들은 영이신 하나님의 통치를 거부하고 인간인 왕의 직접적인 지배를 받기 원했다. 신본주의 신앙의 사상에서 벗어나 인본주의 철학의 세계를 선택한 것이다. 제왕이 백성과 나라의 주인이 되어 절대적인 권력으로 다스리는 시대가 열리게 되었다.

사무엘 선지자는 하나님의 지시로 베냐민 지파의 유지인 기스의 아들 사울을 인류의 첫 왕으로 선택하여 세웠다. 사울은 키가 크고 준수한 소년으로서 지도자로서의 외모를 갖추고 있었다.

> 사울이 이스라엘 왕위에 오른 후에 사방에 있는 모든 대적 곧 모압과 암몬 자손과 에돔과 소바의 왕들과 블레셋 사람들을 쳤는데 향하는 곳마다 이겼고 용감하게 아말렉 사람들을 치고 이스라엘을 그 약탈하는 자들의 손에서 건졌더라(삼상 14:47~48).

하지만 승승장구하던 사울 왕은 선지자 사무엘이 하나님의 말씀을 듣고 순종하라는 충고를 무시하고 자기 기분이 내키는 대로 행동했다. 또 적군과 싸우며 위급할 때 제사장 사무엘이 보이지 않자 자기가 나서서 직접 제사장의 직무를 수행하는 잘못을 저지르고 말았다.

"순종이 제사보다 낫다"는 말씀을 무시하고 거역하는 것은 우상에게 절하는 죄와 같다는 경고를 받았다(삼상 15:22~23).

하나님이 허락하여 인류의 첫 왕이 된 사울은 교만한 생각으로 하나님의 말씀을 버리고 불순종하는 잘못으로 왕위를 빼앗기는 수모를 겪어야 했다.

다윗과 솔로몬의 통치

제왕 정치를 허락하신 하나님은 사울 왕 대신에 왕통을 계승할 다윗을 예정하시고 사무엘로 하여금 기름 부어 왕으로 임명하게 하셨다. 연약한 목동 소년 다윗은 사울 왕이 블레셋과 전쟁할 때 이스라엘을 크게 위협하던 적장 골리앗을 물맷돌 다섯 개를 들고 맞서 싸워 죽이고 국민 영웅이 되었다. 다윗은 골리앗을 죽인 다음 승승장구하며 인기가 치솟았다.

"여인들이 뛰놀며 노래하여 이르되 사울이 죽인 자는 천천이요 다윗은 만만이로다 한지라 사울이 그 말에 불쾌하여 심히 노하여 이르되 다윗에게는 만만을 돌리고 내게는 천천만 돌리니 그가 더 얻을 것이 나라 말고 무엇이냐 하고"(삼상 18:7~8).

사울은 이를 불쾌하게 여기고 다윗을 경계하기 시작했다. 사울은 적군인 블레셋 사람 200명을 죽이는 조건으로 다윗을 자신의 딸 미갈과 결혼시키고도 질투 끝에 죽이려고까지 했다. 하지만 다윗을 배척한 사울은 블레셋과의 싸움에서 패하고 비참한 죽음을 맞이했다.

유다의 왕이 된 다윗은 예루살렘을 수도로 삼아 신정 정치의 시대를 열었다. 그리고 하나님의 도성 예루살렘 성을 건축할 준비를 했다.

다윗은 하나님을 진심으로 경외하며 시편을 통해 하나님을 찬양하고 말씀에 순종하려고 노력했다. 하지만 인간의 연약함에서 벗어나지 못하고 성전 건축을 하지 못했다. 수많은 전쟁터에서 정의라는 이름으로 사람을 많이 죽였기 때문이다. 예루살렘 왕궁을 지키고 있던 후궁 열 명을 잡아 별실에 가두고, 먹을 것만 주고 죽는 날까지 갇혀서 생과부로 지내게 하기도 했다(삼하 20:3). 또 자기 부하 우리아의 처 밧세바와 간통을 하고 임신하자 남편 우리아를 격전지에 보내 전사하게 했다. 하나님 앞에 의로웠으나 인간의 고뇌가 많았던 다윗은 밧세바와의 사이에서 태어난 솔로몬에게 왕위를 계승해주었다.

> 제사장 사독이 성막 가운데에서 기름 담은 뿔을 가져다가 솔로몬에게 기름을 부
> 으니 이에 뿔나팔을 불고 모든 백성이 솔로몬 왕은 만세수를 하옵소서 하니라
> (왕상 1:39).

솔로몬이 다윗의 노새를 타고 와서 등극하자 이스라엘 사람들은 "여호와께서 내 주 왕과 함께 계심같이 솔로몬과 함께 계셔서 그의 왕위를 내 주 다윗 왕의 왕위보다 더 크게 하시기를 원합니다" 하며 환영했다. 왕으로 부르심을 받은 솔로몬은 하나님께서 축복하시며 무엇을 해주면 좋겠느냐고 물으시자 왕의 직무에 필요한 지혜를 주실 것을 간구했다.

> 이에 하나님이 그에게 이르시되 네가 이것을 구하도다 자기를 위하여 장수하기
> 를 구하지 아니하며 부도 구하지 아니하며 자기 원수의 생명을 멸하기도 구하지
> 아니하고 오직 송사를 듣고 분별하는 지혜를 구했으니 내가 네 말대로 하여 네
> 게 지혜롭고 총명한 마음을 주노니 네 앞에도 너와 같은 자가 없었거니와 네 뒤
> 에도 너와 같은 자가 일어남이 없으리라(왕상 3:11~12).

지혜의 왕 솔로몬은 하나님을 사랑하고 부친 다윗의 법도를 따라 제사를 드리고 멋지게 신정 정치와 재판으로 나라를 크게 번성하게 했다.

솔로몬은 지파 간의 경계를 무시하고 전국을 열두 구역으로 나누어 예루살렘을 요새화시키고 강력한 중앙집권 체제로 만들었다. 솔로몬 제국은 큰 항구를 통한 교역과 광업의 중심지가 되었다. 그리고 이웃나라들과 상업적으로 교역하면서도 군사력의 협조를 유지했다.

솔로몬은 이스라엘 백성이 출애굽한 지 480년이 되는 해에 하나님의 성전 건축을 시작하고 7년 후 완공하여 봉헌했다. 또한 자기의 왕궁도

13년에 걸쳐 웅장하게 지었다. 나라가 크게 부흥하고 강하게 되자 그 소문이 온 세상에 널리 알려지게 되었다.

> 스바의 여왕이 여호와의 이름으로 말미암은 솔로몬의 명성을 듣고 와서 어려운 문제로 그를 시험하고자 하여 예루살렘에 이르니 수행하는 자가 심히 많고 향품과 심히 많은 금과 보석을 낙타에 실었더라 그가 솔로몬에게 나아와 자기 마음에 있는 것을 다 말하매 솔로몬이 그가 묻는 말에 다 대답하였으니 왕이 알지 못하여 대답하지 못한 것이 하나도 없었더라 스바의 여왕이 솔로몬의 모든 지혜와 그 건축한 왕궁과 그 상의 식물과 그의 신하들의 좌석과 그의 시종들이 시립한 것과 그들의 관복과 술 관원들과 여호와의 성전에 올라가는 층계를 보고 크게 감동되어 왕께 말하되 내가 내 나라에서 당신의 행위와 당신의 지혜에 대하여 들은 소문이 사실이로다……(왕상 10:1~10).

나라를 멋지게, 지혜롭게 다스리며 부흥을 시킨 솔로몬 왕은 천성이 고명했고 문예에도 탁월한 재능이 있어서 아가서, 잠언, 전도서와 시편 일부를 저술하여 많은 사람들에게 감명을 주고 칭송을 들었다. 그의 명성은 아프리카의 스바 여왕뿐만 아니라 인근 나라의 지도자를 감동시키기도 했다.

하지만 솔로몬은 늙어가면서 하나님이 싫어하시는 모압, 암몬, 에돔, 시돈, 헷 등의 이방 여인들을 후비로 700명, 빈으로 300명을 두고 세속의 사치 생활을 좇다가 이방의 우상숭배를 묵인하여 하나님을 슬프게 했다.

솔로몬이 여호와의 눈앞에서 악을 행하여 그의 아버지 다윗이 여호와를 온전히

따름 같이 따르지 아니하고 모압의 가증한 그모스를 위하여 예루살렘 앞 산에
산당을 지었고 또 암몬 자손의 가증한 몰록을 위하여 그와 같이 하였으며 그가
또 그의 이방 여인들을 위하여 다 그와 같이 한지라 그들이 자기의 신들에게 분
향하며 제사하였더라(왕상 11:6~8).

솔로몬 왕이 하나님을 떠나자 하나님께서는 진노하시고 그를 외면하셨
다. 그리고 그의 나라를 빼앗아 남유다와 북이스라엘 두 나라로 갈라
지게 하셨다.

열왕의 통치 시대

다윗을 이어 축복받았던 솔로몬 왕의 불순종은 인류 역사가 다시 비극
으로 치닫는 계기가 되었다. 솔로몬이 죽고 나서 이방인 암몬 여인에게
서 태어난 그의 아들 르호보암이 유다의 왕이 되었다. 그는 정치 경험이
부족한 소년들의 말을 듣고 노역을 무겁게 하는 등 독선적인 횡포를 부
리면서 민심이 이탈하는 위험한 고비를 넘기기도 했다. 르호보암은 18
명의 왕비와 60명의 후궁을 거느리고 28명의 아들과 60명의 딸을 낳아
왕궁의 중요한 도읍을 분배해주고 다스리게 하며 유다 민족을 존속하
게 했다.

유다 왕 르호보암의 실정에 반기를 든 일부 이스라엘 사람들은 느밧
의 아들 여로보암을 북이스라엘의 왕으로 삼았다. 여로보암의 통치는
부흥했지만 귀족 정치와 종교의 혼합주의로 통치하다가 BC 722년경 멸
망하고 말았다.

다윗 왕국이 남유다와 북이스라엘로 갈라지는 비극으로 대립한 유대

민족은 하나님의 축복과 징계가 교차하는 가운데 약 200년 후에 중동 메소포타미아에서 번성하던 앗수르에 의해 무너지고 말았다.

선민사상이 강한 이스라엘 민족의 역사를 보면 왕의 통치 아래서도 하나님은 선지자들을 통해 정치적인 간섭과 인간 구원의 뜻을 펼치셨다.

아합 왕의 왕비 이세벨이 선지자 엘리야를 핍박한 것을 필두로 선과 악의 싸움은 지금까지도 이어져오고 있다. 신앙의 갈등으로 얼룩진 이스라엘은 능력이 있는 왕이나 지도자를 만나지 못하고 애굽을 격파하고 중동 지방의 주도권을 장악한 바벨론의 느부갓네살에 의해 고난을 겪었다. 느부갓네살은 자기 말을 잘 듣지 아니하는 예루살렘의 이스라엘 사람들을 포로로 잡아 바벨론으로 강제 이주시키고 이스라엘 민족의 신앙의 상징이며 구심점인 예루살렘 성을 파괴해버렸다.

이스라엘의 역사를 섭리하시는 하나님의 뜻은 예수 그리스도의 강림으로 이 세상의 지도권은 오직 예수 그리스도께 있다는 것을 확증하셨다. 구약의 오실 그리스도를 증거하는 역사가 신약에서 성취된 것이다. 인류의 첫 지도자 아담의 실패를 예수 그리스도께서 의롭게 성취해주신 것이다.

인류의 대표로 선택받은 이스라엘 민족의 흥망사는 인간들의 변덕스러운 신앙의 모양을 반영하고 하나님이 세우신 지도자의 업적은 믿음으로 구원에 이르는 사랑과 은혜를 통해 심판의 결과로 나타난다는 것을 깨닫게 하고 있다.

지도자는 지도력을 통해 섬겨야 한다

이 세상은 지금 역사를 이끌고 있는 지도자로 인해 몸살을 앓고 있다. 간혹 사람들로부터 잘했다고 인정을 받는 지도자가 있다고 해도 그 속내를 깊이 들여다보면 구린내가 나는 경우가 많다.

참된 인류의 지도자에 대해 확실하게 밝히고 교훈하고 가르치고 있는 것은 성경뿐이다. 인간이 연구하는 철학·과학으로는 증명할 수 없고, 또 어떤 종교나 역사학에서도 인간의 생사화복의 진리를 제시할 수 없기 때문이다. 오직 이 세상을 만들고 섭리하시는 하나님과 구원하실 예수 그리스도뿐이시라는 것을 확증하고 있는 것이다. 그러므로 하나님의 뜻이나 말씀에서 벗어난 지도자는 진정한 지도자가 될 수 없다.

하나님이 만드신 시간과 공간 안에 태어나서 엮어가는 인간 역사는 비록 죄의 지배를 받고 있지만 하나님의 뜻을 반영하고 그 말씀의 바탕에서 진행되고 있다는 것을 확인해야 한다. 인간의 무리를 권력으로 지도하는 사람들은 모두 하나님의 섭리로 세워지고, 그 맡은 사명에 따라 진리 안에서 직무를 수행하여야 할 막중한 책임에서 벗어날 수 없다. 이런 성경의 권면을 듣고 자신의 능력과 노력으로 지도자가 되어 세상을 이끌어간다고 말하는 지도자라 할지라도 그는 항상 지도력을 평가하는 하나님과 사람들 앞에서 결말과 처분에 불안할 수밖에 없을 것이다.

빈손으로 왔다가 빈손으로 돌아갈 인생의 허무함을 깨닫는 지도자는 지도력을 통해 섬기는 자의 표본이 되어야 한다는 것을 명심해야 할 것이다.

영적 **지도자**를 찾으시는 **하나님**

01

세속을 향해 변질되어 가는
교회의 현실

그러나 너희는 랍비라 칭함을 받지 말라 너희 선생은 하나요 너희는 다 형제니라 땅에 있는 자를 아버지라 하지 말라 너희의 아버지는 한 분이시니 곧 하늘에 계신 이시니라 또한 지도자라 칭함을 받지 말라 너희의 지도자는 한 분이시니 곧 그리스도시니라(마 23:8~10).

현대 교회의 실상

인간들은 하나님의 사랑을 저버리고 죄를 짓고 죽음의 멍에를 쓰고 고통을 받아왔다. 하나님은 참된 지도자인 예수 그리스도의 구원으로 거룩하게 변화시켜서 우주의 지도자로 거듭나게 하시고 계신다. 그러므로 예수 그리스도를 알지 못하면 진리와 생명을 알 수 없고 인류 역사가 무엇인지 우리 인간이 어떻게 지도자 노릇을 감당해야 하는지 깨달을 수 없다.

우주는 하나님이 계시는 성전이다. 예수 그리스도께서 친히 머리가 되시는 교회는 성도들의 공동체로서 이 세상의 실체이면서 성전이 된다.

교회를 맡아 하나님께 영광의 제사를 드리고, 사람들에게 하나님의 말씀을 가르치고, 믿음을 심고 자라게 하며, 하나님이 예비하신 새 나라로 인도하는 교회 지도자의 사명은 목숨을 걸고 감당해야 하는 우주적인 귀한 직분이다.

교회는 그리스도의 복음으로 악한 세상을 변화시키는 사명이 있다. 하지만 오히려 교회가 세속에 물들게 되자 세상은 더욱 악하게 변하고 있다. 이런 안타까운 현상은 교회 지도자들의 방관과 태만에 의해 빚어지는 현상이라는 우려와 함께 먼저 지도자들이 변해야 한다는 경고의 나팔 소리가 들린다. 이러한 걱정스러운 현실은 세상의 외면 속에 성도의 감소와 교회의 쇠락으로 나타나고 있다.

성경은 교회 개혁의 역사를 증언하고 있다. 지도자들에게 교회를 성령으로 거듭나게 하라고 촉구하며 거룩하게 변하라고 충고하고 있다. 하지만 요즘 일부 교회 지도자들은 하나님의 뜻을 내세우며 인위적 성장을 위해 치열한 경쟁을 벌이고 있다.

그리스도의 복음을 전파하기 위해 교세를 확장하는 일은 은혜가 충만한 축복이다. 하지만 일부 교회는 교권주의, 종교 귀족화, 호화스러운 문화센터와 같은 대형교회 건축하기, 성도의 머리 숫자로 목회 성공을 가름하기, 헌금 액수로 성도의 신앙을 평가하기 등 세속화 문화의 전당이 되어 현대식 바벨탑 쌓기에 열중하고 있다는 지적이 있다.

세속 문화에 오염되어가는 교회의 모습은 거룩한 하나님의 집으로 보기보다 세상의 문화센터로서 무의미한 영적 소일거리를 위한 장소로 변질되고 있다. 이러한 일부 교회를 세상에서는 인본주의 문화에 찌든 사회 조직의 한 부분으로 간주하고 있다. 또 신자들을 세속화의 갈등 속에 교회를 다녀야 할지 말아야 할지 망설이는 영적 방랑자로 만들고 있다.

슬프다 어찌 그리 금이 빛을 잃고 순금이 변질하였으며 성소의 돌들이 거리 어귀
마다 쏟아졌는고 순금에 비할 만큼 보배로운 시온의 아들들이 어찌 그리 토기장
이가 만든 질항아리 같이 여김이 되었는고 들개들도 젖을 주어 그들의 새끼를 먹
이나 딸 내 백성은 잔인하여 마치 광야의 타조 같도다 젖먹이가 목말라서 혀가
입천장에 붙음이여 어린 아이들이 떡을 구하나 떼어 줄 사람이 없도다 맛있는 음
식을 먹던 자들이 외롭게 거리 거리에 있으며 이전에는 붉은 옷을 입고 자라난 자
들이 이제는 거름더미를 안았도다(애 4:1~5).

교회 지도자는 예수 그리스도께 위임을 받은 목자로서 맡겨주신 양 같
은 성도의 영혼을 축복하고 삶을 돌보는 사람이다. 하지만 하나님의 영
광을 내세우는 일부 교회 지도자와 신학자들은 그들의 모양새가 삯꾼
목사 또는 외식하는 제사장으로 변질되고 있는 사실을 깨닫지 못하고
있거나 그런 지적을 외면하고 있는 실정이다.

　제도적 교회의 지도자가 악하게 변질되면 교회가 세속화되고 성도들
의 가정이 무력화되고 이로 인해 세상에 굴복하게 된다. 우리는 제도적
교회 지도자의 지도를 받으면서도 교회의 중요하고도 귀중한 지체들의
지도자로 부르심을 받았다는 것을 마음에 새기고 교회의 현실을 바르
게 보며 영적 지도자가 바르게 사명을 감수할 수 있도록 도와주고 격려
해야 할 의무가 있다.

현대 유럽 교회의 현실

너희는 흉한 날이 멀다 하여 포악한 자리로 가까워지게 하고 상아 상에 누우며
침상에서 기지개 켜며 양 떼에서 어린 양과 우리에서 송아지를 잡아서 먹고 비파

소리에 맞추어 노래를 지절거리며 다윗처럼 자기를 위하여 악기를 제조하며 대접으로 포도주를 마시며 귀한 기름을 몸에 바르면서 요셉의 환난에 대하여는 근심하지 아니하는 자로다 그러므로 그들이 이제는 사로잡히는 자 중에 앞서 사로잡히리니 기지개 켜는 자의 떠드는 소리가 그치리라 만군의 하나님 여호와의 말씀이니라 주 여호와가 당신을 두고 맹세하셨노라 내가 야곱의 영광을 싫어하며 그 궁궐들을 미워하므로 이 성읍과 거기에 가득한 것을 원수에게 넘기리라 하셨느니라 한 집에 열 사람이 남는다 하여도 다 죽을 것이라(암 6:3~9).

예수 그리스도의 복음이 먼저 전파된 유럽 여러 나라들은 교회 문화의 꽃을 피우며 그 터전 위에서 산업과 과학의 눈부신 발전을 거듭해왔다. 그리고 이에 힘입어 부유한 삶을 누리고 향상된 문화생활을 하는 선진국이 되었다.

하지만 점차 기독교 문화가 세속에 밀려 이성적인 정신세계에 대한 자신감이 증대하면서 교회가 쇠락의 길을 걷게 되었다. 교회의 침체 현상은 이슬람 등 우상 숭배자들의 극성스러운 포교 활동과 다원주의 종교, 무신론자 등에 의해 밀려나면서 표면화되기 시작했다. 기독교 선진 국가의 교회들이 이제 죽을 날을 기다리는 노인들의 안식처와 장례식장이 되고 결혼식장으로 전락하며 겨우 그 명맥을 유지하는 지경에 이르고 있다. 거기에 일부 지역에서의 이슬람교와의 갈등은 종교 전쟁의 위험을 증대시키고 이에 편승한 반기독교 정서를 확산시키고 있다.

영국의 옥스퍼드 대학의 리처드 도킨스 교수의 《만들어진 신》이라는 책이 반기독교적인 분위를 확산시키더니 런던의 시내버스에 무신론 광고가 등장하면서 유럽에 반기독교 정서가 번져나가고 있다.

"아마도 신은 없을 것이다. 이제 걱정 말고 인생을 즐겨라(There's probably no god now stop worrying and enjoy your life)"라는 문구의 무신론 광고가 버스 옆의 광고판에 내걸리면서 반기독교 운동이 스페인 이탈리아 미국 등의 국가로 번져나가고 있다고 한다.

이 문장은 영국의 인도주의 협회가 광고 모금을 하고 코미디 작가 이언 시린이 "비그리스도인은 영원히 하나님과 분리되어 영원한 지옥에서 형벌을 받을 것이다"라는 복음주의자들의 광고를 보고 분개해서 작성했다고 한다. 이 광고는 2009년 초 영국의 런던을 위시한 에든버러 등 많은 도시의 버스에 게재되었다. 그리고 런던의 지하철역에는 "부활이 없다는 것이 얼마나 인생을 달콤하게 하는지 모른다"는 광고가 나붙었다. 이 광고판에는 알베르트 아인슈타인, 더글러스 애덤스 등 무신론을 지지한 유명인사들의 사진이 함께 게재되었다고 한다. 영국의 무신론자들은 지금도 진화론을 만든 다윈의 탄생일을 국경일로 만들자고 주장하는 한편 무신론 운동을 대대적으로 펼치면서 멋진 꽃을 피우게 할 것이라고 기고만장하고 있다 한다.

영국에서 무신론 광고비로 5,500파운드(약 950만 원)을 모금하려고 했는데 무려 14만 파운드(약 2억 4,000만 원)의 자금이 모금되었다는 것은 그만큼 무신론에 대한 호응이 높아지고 있다는 것을 증명하고 있다.

이후 반기독교 광고는 스페인의 마드리드, 바르셀로나 등 도시의 버스에 게재되었다. 이탈리아의 무신론자들은 "나쁜 소식은 신이 존재하지 않는다는 것이고 좋은 소식은 우리가 신을 원치 않는다는 것이다"라는 버스 광고를 게재했다고 한다. 이언 시린은 이런 반기독교 광고는 미국 등 전 세계로 확산되어갈 것이라고 주장했는데 2008년 크리스마스 때 미국 워싱턴의 버스에도 유사한 광고가 나붙기도 했었다.

이같이 반기독교 단체의 광고가 유럽 대륙으로 확산되어가자 기독

단체들도 맞대응에 나섰다. 스페인의 기독교계 신문은 "신은 존재한다. 예수와 더불어 당신의 인생을 즐겨라"는 광고를 내보내기 시작했다.

구교와 신교의 투쟁에 밀린 청교도들이 미국으로 건너가 세계 복음화의 기틀을 마련하고 또 존 웨슬리의 신앙 운동으로 각광을 받은 영국 교회의 실상은 2010년《국민일보》에 실린 한 기사를 통해 적나라하게 알 수 있다.

기사에 따르면 가톨릭교회에 대한 종교개혁으로 시작된 영국의 장로교회들이 텅 비어가며 영적으로 추락하고 있다고 한다. 에든버러 성문에서 200미터 거리에 있는 고풍스럽고 위풍당당한 한 교회는 문을 닫고 의류 판매점과 티켓 판매소로 전락했고 또 이곳에서 100미터 떨어진 곳에 있는 어떤 교회는 귀신을 체험하는 오락시설로 변하고 말았다.

런던 중심가에 위치한 성공회를 대표하는 웨스트민스터 교회는 주일 예배에 200여 명이 참석하는 초라한 모습으로 변했다. 이 교회는 제2차 세계대전 때 마틴 로이드 존슨 목사가 설교를 통해 영국 국민을 일깨워 전쟁에서 승리하도록 한 곳으로 유명한 교회다. 1776년에 세워진 유서 깊은 성 앤드루 교회에서 지금 교역자 네 명과 노인 여덟 명이 예배를 드리고 있는 등 교회마다 성도 수가 급감하고 있다고 한다. 염려스러운 것은 많은 교회에서 예배 때 대표 기도와 축도가 생략되고 있다는 것이다. 에든버러의 중심가인 하이스트리트 42~45번지에 있는 450년의 유물로 남아 있는 종교 개혁가 존 녹스의 생가에는 "하나님을 사랑하라 그리고 이웃을 네 몸과 같이 사랑하라"는 현판만이 쓸쓸하게 걸려 있으며 가끔 찾아오던 관광객들의 발길도 드물어졌다고 한다(《국민일보》 2010. 4. 27자 참조).

오늘날 미국 교회의 변화

청교도들이 기독교 정신으로 세운 미국은 국민이 선출하는 대통령은 성경에 손을 얹고 취임 선서를 하고 성경 구절을 인용하며 첫 연설을 하는 건국 이념을 가진 기독교 국가로서 세계에 많은 선교사를 보내고 있다.

하지만 미국은 정치와 종교의 분리를 표방하고 세계의 경찰국가로서, 평화의 수호자로서 사명을 다해왔지만 요즘 종교와 정치의 유착과 범신론적 다원주의가 확산되면서 그리스도의 순수성을 상실했다. 교회와 국가의 연합을 원하는 일부 기독교인들은 미국에서 가장 큰 종교 집단이며 정치 성향이 짙은 가톨릭교회와의 연합을 도모하려고 하고, 맘몬주의와 손잡고 도덕적으로 피폐해진 미국에 다시 강력한 기독교 정신을 불어넣으려는 운동을 벌이고 있다. 그들은 선거 때 자신들의 기독교적인 사상에 동조하는 특정한 정치인을 밀어주고 기독교에 유리한 종교적인 법률을 입법화시키려고 노력하는 등 종교와 정치의 벽을 허물면서 종교를 정치의 시녀로 타락시키고 있는 것이다.

종교를 정치적으로 핍박하는 영국을 피하여 자유로운 믿음 생활을 하기 위해 미국으로 건너왔던 청교도들의 후손들은 지금 그 종교의 자유를 범신론적으로 변질시켜 타락시키고 있는 것이다. 그 반영으로 미국에서는 교회와 국가가 분리되어야 한다는 미국 건국 이념을 반대하는 사람들이 늘어나고 있으며 교회가 정치적 활동에 적극적으로 참가하여 "기독교 교리와 기독교 정신을 입법화해야 한다", "기독교가 아닌 다른 종교는 법으로 제재하고 핍박해야 한다" 등 근본주의적인 발상과 사고가 그 밑바닥에 깔려 있다. 그래서 미국에서는 정치인들이 기독교인들의 목소리를 무시할 수 없으며 또 기독교 단체들의 지지를 받지 않으면 활동할 수 없다고 한다.

하지만 반기독교 운동이 활발해지고 있는 플로리다 주에서는 학교 수업 시간에 기도회와 같은 종교 행위를 금지하고 있으며 또 어떤 고등학교에서는 교장과 교사들이 공식 행사인 식사 시간에 하나님께 감사의 기도를 드렸다는 이유로 법정에 서게 되었다고 한다.

다민족 문화 국가인 미국의 기독교 신자들은 일상의 과식과 탐심의 유혹이 가장 큰 걸림돌이라고 생각하고 있다. 한 여론 조사 기관에서 실시한 인터넷 설문 조사에서 개신교 66퍼센트, 가톨릭 44퍼센트의 신자들은 신앙생활을 방해하는 요소에 대해서 게으름, 일 미루기를 꼽았으며 그다음으로 스마트폰, 게임 등 탐닉으로 많은 시간 빼앗기, 음란물 보기, 타인 험담, 악플과 거짓말, 부정행위라고 꼽았다. 청교도가 세운 나라답게 깨끗하고 거룩한 신앙의 양심에 대한 관심이 높아지고 있는 것이다. 물질 만능의 인본주의 사상에 영향받은 세속화의 몸살을 앓고 있는 미국 교회의 심각성을 성도들이 자각하고 있는 것이다. 개혁 교회의 복음 전진 기지로 큰 역할을 했던 미국이 신앙을 회복하고 세계 선도의 자리를 지키도록 기도하고 있는 것이다.

침체에 빠진 세계 교회들

세계의 교회들이 침체에 빠지고 설 자리를 잃어가고 무너지고 있는 현실은 세속 문화 역사의 자취를 반영하고 있다고 핑계 대기에 앞서 교회 지도자들과 성도들이 그 책임을 통감해야 할 중대한 사항이다.

지금 온 세계의 교회는 악과의 마지막 전쟁을 치루고 있다. 마귀의 흉계로 말미암아 교회가 윤리적 타락과 복음 전도의 무력함에 빠지고 그리스도의 십자가 보혈의 순수를 상실하고 있는 것은 심판의 때가 눈앞에 닥치고 있는 것을 깨닫게 한다. 하나님의 씨 뿌리는 우주 경영 법칙에 따라 알곡과 가라지를 선별하시는 그리스도의 심판을 위한 예정된 섭리 속에서 일어나는 현상이라고 자위하기에는 너무나 안타까운 일이다. 교회 지도자들이 죄의 깊은 잠에 빠진 결과라고 통탄만 하고 있을 수 없는 심각한 영적 문제다.

지금 세상은 정치, 경제, 종교적으로 종말을 재촉하는 암흑의 시대가 되었다. 성경은 역사적인 세상의 타락과 기독교의 침체에 대해서 증언하고 있다. 하지만 사랑의 하나님은 오래 참으시며 사람들이 진리로 돌아오기를 기다리고 계신다. 예수 그리스도의 구원의 은혜가 이 땅 위에 충만하기를 원하시고 계신다. 세계 여러 곳에서 하나님께 돌아가야 한다는 소망이 엿보이고 있다.

중화사상으로 통일을 이루고 유교적 철학에 심취했다가 공산 국가가 된 뒤 민주와 자본주의 사상을 수용하고 있는 중국은 21세기에 들어 기독교에 관심을 갖기 시작했다. 지금은 기독교의 활동을 방관하는 수준이지만 머지않아 기독교 복음 전도를 수용할 것으로 보인다.

하나님을 대적했던 사상과 이념의 나라 러시아는 모든 학교에서 종교 교육을 의무화하기로 했다. (《국민일보》 2013. 1. 8일자 참조) 《모스크바타임스》는 푸틴 러시아 대통령이 모든 학교에서 동방 정교회, 이슬람교, 유대교, 불교, 세속 윤리, 세계종교 등 6개 과목 중 하나를 골라 의무적으로 가르치도록 하는 교육법에 서명을 하고 9월부터 실행에 들어가게 된다고 보도했다. 기독교인 동방정교회의 핵심 분파로서 러시아 종교인의 70퍼센트 이상을 차지하는 러시아 정교회의 노력으로 이루어진 것이라고 분석하고 있다.

러시아의 종교 인구 분포를 보면 세속 윤리(토속신앙) 42퍼센트, 동방정교회 30퍼센트, 이슬람교 9퍼센트, 불교·유대교 1퍼센트라고 한다.

무신론자에 의해 세워진 소련이 냉전의 시대를 거쳐 러시아로 다시 출발하면서 종교심을 되찾고 있는 것이다. 소련에서 자유를 찾은 러시아 주변의 세르비아, 그루지아 등 러시아 정교회 국가들은 13일 늦은 1월 7일을 크리스마스로 삼고 있다.

한국 교회의 실상

> 사람이 흑암과 사망의 그늘에 앉으며 곤고와 쇠사슬에 매임은 하나님의 말씀을 거역하며 지존자의 뜻을 멸시함이라 그러므로 수고로 저희 마음을 낮추셨으니 저희가 엎드러져도 돕는 자가 없었도다 이에 저희가 그 근심 중에 여호와께 부르짖으매 그 고통에서 구원하시되 흑암과 사망의 그늘에서 인도하여 내시고 그 얽은 줄을 끊으셨도다 여호와의 인자하심과 인생에게 행하신 기이한 일을 인하여 그를 찬송할지로다(시 107:10~15).

한국을 찾아오신 예수 그리스도께서는 한국 교회를 그 유래를 찾아볼 수 없는 놀라운 성장을 시켜주시고 그와 함께 국가 경제를 한강의 기적이라고 하며 부러워하도록 부흥시켜주셨다. 그리고 많은 선교사를 온 누리에 파송하는 세계 복음화의 전진기지로 만들어주셨다.

한국 교회는 세상 문화 중에서 내게 유익이 된다고 생각하면 잽싸게 받아들이는 빨리빨리 문화의 습성에 따라 서구의 기독교 복음과 그 문화를 받아들여 교회를 세우고 목회에 접목시켜 급성장하면서 한 세기 만에 불교 유교와 토속 신앙에 맞서는 부흥을 이룩했다.

하지만 급성장으로 인한 설익은 열매 따기의 후유증이 교회 안에서 서서히 고개를 들기 시작했다. 교회 성장의 멋있고 신바람 나던 드라마가 침체라는 국면을 맞이하면서 교회들이 풀이 죽어 있는 상태다.

그 반면에 교회 지도자들의 부패와 음란, 범신론적 사상, 신학 부재의 현상이 빈번해지면서 여론의 질책 속에 어두운 면이 부각되고 있다. 이로 말미암아 반기독교 운동의 움직임이 활발해지고 이에 동조하는 언론이 교회 침체를 부추기고 있다. 언론에서는 성도들의 신앙 상태에 대한 문제나 교회의 긍정적 활동과 사회 기여보다 일부 교회 지도자들의 잘못을 자주 들춰내면서 교회 쇠락의 속도를 가속화하고 있다.

한국 교회 안에서도 진리의 갓길에서 세속화의 바람에 놀아나며 성경과 성령의 교훈에서 벗어난 인본주의적인 병폐가 늘어나고 있다는 우려의 소리가 높아지고 있다. 지도자의 자의적인 예전과 제 입맛대로의 설교로 인해 무엇이 진리인지, 무엇이 정통 교회인지 분간할 수 없는 상황에서 이단과 사이비가 극성을 피우고 있기도 하다. 기복적 치유 신앙으로 사람을 모으고, 화끈한 쇼와 같은 예배와 이단적 냄새를 풍기는 재미있는 설교가 판치고, 또 토속 신앙적인 기복적 요소가 적당히 가미된 기도회가 성황을 이루고 있는 것이다.

그 가장 큰 원인은 교회의 지도력이 성장 병폐에 신음하면서 그리스도의 제자로서 진리를 향하는 방향 감각을 상실했기 때문이다. 이는 교회 지도자들이 순교 정신으로 섬기는 성직자가 아니라 삶을 위한 직업적인 삯꾼 목자가 되어 신도들을 장사치들이 고객을 유치하는 것처럼 모으기 때문이다. 그 반응은 성도들이 그리스도 교회의 지체의 자리에서 밀려나 기복신앙에 매여 주일을 지키는 손님이나 한낱 교회 사업의 협력자가 되어 봉사하며 그리스도의 제자 역할을 제대로 하지 않는 후유증으로 나타나고 있다. 이에 대한 몇몇 사례를 들어보자.

M 교회

예화를 잘 활용한 설교로 목회 성공을 했다는 당회장 목사는 내 설교가 곧 하나님 말씀이라고 자주 강조를 하고 있다. 하지만 실제로는 말씀의 표준에서 벗어나고 과장되며 사리에 맞지 않는 조작된 예화를 다양하게 나열한 재미있는 기복 설교를 하고 있다. 듣기에 좋은 기복적인 설교는 신학적인 깊이가 없지만 많은 신도들은 십자가의 고난에 참예하는 제자가 되기보다는 평안한 신앙생활을 즐기는 재미로 아멘을 연발하고 있다고 한다.

N 교회

시냇가에 심은 나무처럼 푸른 꿈이 있다는 그 교회는 교회 안내 책자와 부흥회 광고 전단 등에 "낙원에는 눈물이 없습니다. 낙원에는 질병이 없습니다. 낙원에는 죽음이 없습니다. 낙원에는 기쁨이 있습니다. 낙원에는 행복이 있습니다. 낙원에는 평화가 있습니다. 우리는 낙원에 가게 될 것입니다. 이 땅에는 만족이 없습니다. 이 땅에는 안식이 없습니다. 이 땅에는 신뢰가 없습니다. 이 땅에는 상처가 있습니다. 이 땅에는 아픔이 있습니다. 이 땅에는 고독이 있습니다. 그러나 이 땅에 낙원 같은 교회가 있습니다. 이 땅에서 낙원과 같은 삶을 회복할 것입니다"라는 글이 실려 있다. 그 교회의 담임 목사는 이름 있는 총회의 신학대학교와 대학원을 나왔다고 밝히고 있다. 어느 중형 교회 부목사로 근무하다가 동조하는 20여 명의 성도들을 이끌고 나와서 교회를 개척한 다음 4년 만에 아담한 교회를 건축하여 성공한 목회자라는 말을 듣고 있다.

S 교회

대형교회 성장의 모델로 우뚝 서 있는 그 교회는 하나님께 거룩한 산 제사를 드리는 주일 낮 예배에서 성령의 은사를 내세우고 병든 성도들은 몸의 아픈 부위에 손을 대고 기도하면 치유받을 수 있다고 강조하는 치유의 행사를 병행하고 있다. 하나님께 영광을 드리는 예배에서 기도의 핵심을 병 고쳐주시오, 문제 해결을 해주시오, 돈을 주시오 등 무분별한 기복신앙의 도가니로 만들고 있다.

은퇴한 당회장 목사는 목회 성공의 열매로 만들어진 선교, 교육기관의 책임자에 가족들을 배치하고 종교 귀족 노릇을 한다는 말을 듣고 있다. 또 기독교계 행사에 이름 걸기를 즐기고 신문 광고에 자기 사진과 이름을 다른 사람들보다 더 크게 내고 불교에도 진리가 있다는 등 범신론적 발언으로 물의를 일으키면서 역사에 남을 지도자로 추앙받기 좋아하는 사람이라는 말도 듣고 있다. 그가 형성한 가족의 경제 능력과 교계에 미치는 영향력은 지금도 막강하다.

B 교회

청년 예배는 쇼 같은 축제의 분위기를 연출하고 있다. 예배를 즐겁게 드려야 한다면서 신앙고백과 교독문을 빼버리고 신 나는 리듬에 맞춰 박수 치는 흥겨운 복음성가를 메들리로 부르며 도취하게 하고 설교는 짧은 기복신앙의 듣기 좋은 말로 채우고 있다. 교회를 문화센터로 만들고, 점심식사 시간에 컵라면을 팔고, 고객 유치를 하는 것처럼 인간 유대를 위한 친교에 주력하고 있다. 부담스러운 성경 읽기와 말씀 공부는 소홀히 하고 한 번 회개로 죄를 용서받으면 구원되기 때문에 번거롭게 자주 회개할 필요가 없다고 가르치고 있다.

W 교회

미자립 교회라는 이유로 청소년 예배는 형식적으로 드리고 있다. 모양만의 학생 예배는 신앙고백이나 주기도와 교독문과 찬송가 등 예전을 무시하고 과자 먹기를 하며 학교와 일반 생활의 잡담으로 시간을 보내고 있다. 학생 예배는 주일에 교회에 나온다는 명분을 주고 또 어른들의 예배를 방해하지 않는다는 이유로 행해지고 있다. 교회 측은 학생 예배를 담당할 전도사를 채용할 형편이 못 되고 또 신학 공부를 한 재직자가 없다는 이유로 부득이 신학의 기초가 없는 초신자나 서리 집사에게 맡겨 유치원 수준의 놀이터 역할을 하기에 급급하다. 담임 목사는 성인 전도와 예배 참석 독려, 이탈자를 막는 친교를 위해 노력하기에 지쳐 청소년 및 교회학교를 돌보는 여력이 없다고 한탄하고 있다.

A 선교회

해외 선교를 활발히 추진한다고 선전하면서 동남아 단기 선교와 성지 순례 등 여행 프로그램을 마련하고 참가단 모집에 주력하고 있다. 선교 훈련이 덜 된 믿음이 연약한 교인들까지도 단기 선교라는 이름의 영어 연수와 관광을 겸한 여행을 권장하고 있다. 선교 현지에 대한 사전 훈련을 소홀히 하는 이름뿐인 해외 선교 활동은 현지의 이교도들의 반발과 과격한 거부 행위로 많은 물의를 빚기도 한다는 것이다. 또한 교회 지도자들의 안식년 여행도 주선하고 있는데 영적 재충전이라기보다는 관광 목적이 많다고 한다.

하나님의 씨 뿌리는 우주 경영 법칙 아래에서 일그러진 영적 모습으로 신음하며 진실한 회개를 자초하고 있는 한국 교회의 실상을 반성하며 교회를 혁신해야 할 막중한 의무를 자각해야 할 것이다.

일부 성공한 교회 지도자의 교만이 교회 전체를 대표하는 것은 아니다. 하지만 세상이 교회를 비판하는 소리를 들어야 한다. 그것은 세상이 교회의 존재에 관심이 많다는 것이고 그 관심은 생명과 진리에 대한 의문을 풀고 싶은 소망이 있다는 증거이기 때문이다.

많은 교회 지도자들은 그리스도 안에서 말씀대로 맡겨진 사명을 잘 감당하기를 원한다. 하지만 견물생심이라고 목회가 성공을 거두면 가족과 자신의 명예를 위해 그 열매를 차지하려는 유혹을 억제하기 힘들어진다. 온 누리의 교회 지도자들이 진리의 성경에서 벗어나 그리스도를 다시 십자가에 매다는 불순한 작태는 없는지 자신을 돌이켜봐야 한다.

지금 한국 교회에 "순수했던 초대교회로 돌아가자", "지도자들이 영적 각성을 하자", "심령이 가난한 목회자가 되자", "성령께서 죄에 대해, 의에 대해, 심판에 대해 세상을 책망하시는 소리를 듣고 회개하자"는 자정의 운동이 활발해지고 있다. 세상에 빛을 발하여야 할 교회와 성도들에게 영적 싸움에서 승리하며 믿음의 부흥을 이루자고 촉구하고 있다.

02
방황하는 신학에 덩달아
신음하는 교회

> 망령되고 허탄한 신화를 버리고 오직 경건에 이르기를 연습하라 육체의 연습
> 은 약간의 유익이 있으나 경건은 범사에 유익하니 금생과 내생에 약속이 있느
> 니라(딤전 4:7~8).

기독교 신학의 목적

교회를 위한 신학이 방황하면서 교회 지도자들이 신음하고 있다. 목회를 지원하고 성도들의 믿음 성장을 도모하는 영적 양육의 바탕은 교리와 신학에서 나오기 때문에 신학의 위치는 중요하다.

종교적인 동물인 인간은 자기 생명을 소중히 여기는 것처럼 생명의 근원과 그 종착점을 알고 싶어 한다. 이런 바람은 삶의 목적과 영혼의 궁금증을 더하게 하여 창조주를 찾고 그 섭리를 알아내려는 신학적 노력으로 나타나고 있다. 신앙생활을 바르게 하기 위해 신학이 필요하고 신학의 방향을 잡기 위해서 교리가 만들어지고 있으나 신학이나 사상이 제 갈 길을 잃고 방황을 하거나 제 구실을 못하면 오히려 신앙을 혼돈에 빠뜨리고 교회를 혼란케 하고 영적 쇠퇴라는 난감한 사태를 유발하게 되는 것이다.

또한 하나님의 말씀을 연구하고 교회 지도자를 세우는 일에 초점을 맞춘 신학교의 난맥과 신학 연구의 부진은 목회 지원을 부실하게 하고 교회를 무력하게 만들기도 한다. 하나님을 아는 지식의 보고인 신학은 믿음의 뿌리가 되어 목회에서 꽃을 피우며, 세상을 변화시키고, 성령의 열매를 맺어야 한다. 하지만 그 뿌리가 부실하면 제대로 자라나지 못하고 아름다운 꽃을 피우지 못하고 좋은 열매를 맺지 못한다는 것이다.

신학은 온 세상 사람들에게 내가 누구인가 하는 질문과 생명의 근원이신 하나님에 대한 해답을 제공해야 한다. 또 하나님의 사랑의 뜻에 순종하며 헛된 진화론에 놀아나고 있는 세상을 변화시키고 새로운 천국을 소망하는 성도에게 참진리의 지식을 전달하는 원동력이 되어야 한다. 하지만 오늘날의 신학은 기독교 지도자들을 기복적 신앙에 치중하게 하며 성공적인 목회 경영을 지원하는 시녀로 전락하고 말았다는 우려의 소리가 들리고 있다.

> 지혜 있는 자는 듣고 학식이 더할 것이요 명철한 자는 지략을 얻을 것이라 잠언과 비유와 지혜 있는 자의 말과 그 오묘한 말을 깨달으리라 여호와를 경외하는 것이 지식의 근본이거늘 미련한 자는 지혜와 훈계를 멸시하느니라(잠 1:5~7).

기독교 신학은 하나님의 말씀에서 출발을 한다. 신학은 죄로 말미암아 잊어버렸던 하나님을 아는 지식을 회복하고 그리스도의 세계를 살아가는 상식을 얻기 위해서 필요하다. 신학은 하나님의 입장에서 배우는 창조신학을 뿌리로 해서 인간의 신앙을 바르게 세워줄 일반 신학 연구 위에 세상을 살아갈 인간을 위한 일반 학문을 연구하고 발전시키는 것이 바람직하다.

모든 믿음의 지도자로 부르심을 받은 성도는 다 신학을 배워야 한다. 세상 땅 끝까지 복음을 전파해야 할 그리스도의 지도자는 말씀으로 믿음을 든든하게 자라게 하면서 미래를 향한 소망의 길잡이가 되어주어야 하기 때문이다. 또한 신학은 창궐하고 있는 이단과 사이비 등 유사 종교와 불교, 이슬람교, 힌두교 등 타종교 및 철학의 침범으로부터 사람들을 지키기 위해서 필요한 신앙의 기초이기도 하다.

교회 지도자들은 신학 사상의 흐름을 잘 알아야 바른 지도를 할 수 있다. 하나님이 버리셨던 죄인들을 다시 부르신 구약 시대로부터 구원의 은혜가 나타난 신약 시대를 거쳐 성령 시대에 이르기까지 하나님을 알고 새 생명을 얻으려는 인간의 소망을 신학이 도와주어야 한다.

하지만 신학은 인간들이 발전시켜왔기 때문에 가끔 진리에서 벗어나거나 사상의 혼동을 일으키는 일이 발생하기도 한다. 그러므로 지도자라 할지라도 정신을 차리고 살피고 받아들이지 아니하면 자신도 모르는 사이에 이상한 길로 빠지는 위험한 지경에 이르게 된다는 것을 명심해야 한다.

근본주의 신학 사상

기독교 뿌리를 이루는 근본주의는 개혁 교회의 전통적인 근본 교리에 뿌리를 두고 있다. 즉, 성경의 무오성과 예수 그리스도의 동정녀 탄생, 그리고 십자가의 죽으심과 부활, 재림과 심판 등 성경의 계시에 근거한 신학 사상이다. 교회에서는 "근본주의는 기독교 그 자체다. 근본주의는

정통적 기독교의 역사적 신앙을 그대로 믿고 지키는 믿음의 참모습이
다"라고 정의한다.

성경의 교훈을 따르는 중요한 요소로는 교리적 정통성, 배교와 타협
으로부터의 분리, 성도의 인격과 삶의 순전함(겸손, 사랑, 거룩)을 위하며 교
회의 지속적 혁신과 올바른 성장을 지원하는 데 목적을 두고 있다.

하지만 교회의 교리적 순결성에 대한 강조, 교제와 분리에 대한 성경
교훈에 대한 순종 등 장점이 있는 반면에 예수 그리스도보다 교회 지도
자나 기독 단체들의 활동을 부각시키는 부작용, 겸손하기보다는 자만
에 빠질 위험성, 이해와 관용, 인내의 부족으로 분열을 조장할 우려 등의
단점도 있다. 또 배타적인 아집에 빠져 종교 갈등이나 분쟁을 유발하는
부작용이 있다는 우려도 높다.

보수주의 신학 사상

보수주의 신학은 역사적인 기독교의 본질과 신앙 및 교리를 옹호하고 지
키는 신학이다. 진보주의나 자유주의 신학과 대립하는 신학 사상이기
도 하다. 그러나 신학 사상의 흐름에 모호한 점이 있고 개혁, 복음, 근본
주의 신학도 표용하고 있으며 경건 신비주의 사상의 일부를 보수주의 범
주에 포함시키고 있기도 한다.

자유주의 신학 사상

전통적 보수 · 근본주의에 반목하며 인간의 주체와 사고와 활동을 적극
인정하는 신학 사상이다. 개인주의적 자유주의의 영향으로 형성된 사상

이다. 그 특징을 보면 기독교 해석의 권위를 성경보다 인간 이성에 두며 초자연적인 기적 등을 배제하고 기독교를 현실적이며 윤리적으로 이해하고 낙관적인 세계관을 가지는 신학 사상이다. 이 자유주의 신학은 실존주의 사상과 과학의 영향을 받아 사회 참여와 해방신학 등 신자유주의적 신학으로 발전하고 있다.

자유주의 잡지인 미국의《크리스천 센트리》는 1924년 1월 3일자 사설에서 근본주의와 현대 자유주의의 차이에 대해서 "근본주의와 자유주의 사상은 모두 같은 종교다. 어느 것이 참된 종교인가 하는 것은 오는 세대를 위하여 우리들 세대가 해결해야 할 문제다. 하지만 근본주의자들의 하나님과 그리스도 그리고 성경은 현대 자유주의자들이 의미하는 것과는 조금 다르다. 그러므로 어느 하나님, 그리스도, 성경 그리고 하나님 나라가 기독교적인 것인가 하는 문제는 미래가 말해 줄 것이다"라고 주장했다.

일부 자유주의 신학자들은 성경은 무오하지 않고 성경 역사의 사건들은 회의적이다. 하나님의 천지창조와 아담의 타락 그리고 예수 그리스도의 기적들은 신화다. 예수님의 처녀 탄생과 부활과 재림의 역사성을 부정한다. 보편적 구원과 죽은 자들의 부활을 믿지 않는다. 영혼의 불멸과 천국과 지옥의 장소설을 부인한다.

이들은 "사람이 스스로 경험한 종교만을 진리라고 고백할 수 있으며 다른 모든 신조나 신앙고백, 그리고 예수 그리스도의 말씀 등은 위선이며 파멸적이다"라고 말하고 있다. 심지어 어떤 자유주의 신학자는 "종교의 시대는 끝났다. 기독교가 무엇인가, 그리스도가 누구인가 하는 문제로 고민할 때이다"고 말하기도 한다.

복음주의 신학 사상

복음주의 사상은 16세기 종교 개혁 이후 개혁 교회를 중심으로 그리스도의 구원의 은혜를 교리적으로 왜곡시키고 복음 대신에 성례나 신자의 공로적인 선행을 추구했던 가톨릭교회와 구별하기 위해서 나타난 구원의 말씀을 믿고 전파하는 신학 사상이다.

복음주의는 근본 · 보수주의와 같은 신학 입장을 가지고 있었으나 자유주의의 영향으로 근본주의적 복음주의와 자유주의적 신복음주의로 나뉘게 되었다. 신복음주의는 가톨릭교회에 대해 포용적이며 또 불교 등 다른 종교에 대해서도 협조적인 태도를 보이고 있다.

어떤 복음주의 단체에 속한 한 목사는 신정통주의가 신학적 자유주의에 대한 최근의 표현이라면서 "신복음주의는 정통주의에 대한 최선의 옷이다. 신복음주의는 근본주의가 기피한 사회적 문제들을 다루겠다는 의도에 있어서 근본주의와 다르다. 개인적 복음과 사회적 복음 사이에 이원론이 필요없다. 진정한 기독교 신앙은 초자연적 개인의 구원 경험과 사회적인 철학이다. 교리와 사회 윤리는 둘 다 기독교 학문이다. 근본주의가 리더십과 사회라는 영역에서의 책임을 포기하고 사회를 변혁하거나 사회적 문제들을 해결하기에는 무능해졌다. 신복음주의는 근본주의가 믿는 모든 정통적 교리를 신봉하거나 사회적 철학을 포함시켰다"고 주장했다(《기독교보》 2002년 1월 19일자 보도).

이러한 신복음주의자들의 견해는 자유주의 신학 사상에 협조하며 포용된 것이며 개혁 교회의 정통성과 웨스트민스터 신앙고백에 배치되고 불신앙적인 것들이다.

종교다원주의 사상

궁극적인 존재나 원리, 개념, 방법 등을 다원적으로 생각하는 다원론 사상이 기독교에 침투하고 있다. 유심론적 다원론에 영향을 받은 일부 기독교 지도자와 자유주의 신학자들이 주장하는 다원론적 신학 사상은 근본주의를 무시하고 기독교를 새로운 종교 형태로 발전시키면서 기독교의 교리와 신앙 사상을 크게 오염시키고 있다.

어떤 신학자는 기독교가 아닌 다른 종교들은 우상 숭배요 미신이라고 보는 근본주의 신학의 배타성을 비난하면서 다른 종교와의 적극적인 만남과 대화를 수용하라고 주장한다. 다른 종교들의 경건성과 도덕성을 진지하게 배우고 또 종교적 확신을 무시하지 말고 존중해야 한다고도 말한다. 또 어떤 신학자는 나는 나의 인생길을 걸어가고 있으며 또 다른 사람들은 각기 자기의 길을 가고 있다고 전제하고 그리스도는 여러 길 중에 하나이며 하나님은 어느 곳에나 계신다고 말한다.

이스라엘 민족의 종교인 유대교를 기독교가 계승하고 예수님과 사도 바울을 거치면서 그 울타리를 벗어나 역사적이며 세계적인 종교가 되었듯이 기독교가 다른 문화와 종교의 전통을 만나면서 새로운 시각을 필요로 한다고 주장하고 있다. 어떤 종교를 믿는 것은 다른 종교가 진리가 아니어서가 아니라 그 종교가 자신의 실존적 고민을 해결해주기 때문이라면서 다른 종교를 인정한다는 것은 개인의 궁극적인 선택이 갖는 진지성과 결단성 고유성을 존중하는 것이라고 말했다.

또 어느 신학자는 "각 역사적 종교들은 서로 다양한 구체적인 삶의 자리에서 형성된 구원의 길들을 열고 있다"면서 "타종교에 대한 열린 마음과 존경심을 갖고 자기가 귀의하는 종교에 깊이 헌신하는 것이 신앙의 자세"라고 말했다. 또 "하느님은 이름이 없는 존재로서 인간들이 자신이 살아온 역사와 문화와 종교적 풍토와 환경 안에서 자신들에게 가장 적합한 언어로 만들어 붙인 이름일 뿐이며 하나님, 하느님, 알라신, 한울님, 브라만, 태극, 부처, 태양신 등 인간이 흠모하는 우주적인 어떤 존재를 지칭한다"라고 말했다. 그는 또 45억 년의 생명과 인류 진화 과정에서 영적 진리 체험, 하나님 구원 체험, 인간의 제한성과 자기 초월성의 체험으로 경이로움을 넘어선 신의 유일성과 절대성을 증험하는 과정에서 기독교, 불교, 이슬람교, 힌두교는 물론이고 한국의 동학, 원불교, 무교 등의 종교들도 지구촌이라는 정신적인 삶의 현장인 세상에서 피어난 영적 꽃들이라고 말했다.

한 번은 대형교회의 지도자 모델로 우뚝 선 모 교회의 원로 목사가 동국대학교 특강에서 스님 불자들에게 "그리스도가 내 안에 있다는 말씀이나 마음이 곧 부처라는 말씀은 표현만 다를 뿐 같은 말입니다. 또 그리스도 안에서의 구원을 믿는 것처럼 내 친척이 부처 안에서의 구원을 믿는다고 해도 거리낌이 없습니다. 일부 목사들이 종교의 평등성과 차별성을 이해하지 못하고 유아독존적(불교 용어)으로 행동하는 경향이 있습니다. 너 죽이고 나만 살겠다고 종교끼리 싸우는 것은 부처도 예수도 원하지 않는 것입니다"라고 말했다. (2004년 5월 12일자 《동아일보》 참조) 그 목사는 후에 "내 마음에 부처가 있고 부처가 있는 내 마음이 곧 극락이다"라는 가르침이나 "하나님 나라는 볼 수 있게 임하는 것이 아니요 또 여기 있다 저기 있다고도 못하리니 하나님 나라는 너희 안에 있느니라"(눅 17:21) 하신 성경 말씀은 같은 진리라고 주장했다.

은사 복음주의자인 그 목사는 "예수 밖에는 구원이 없다"는 기독교의 교리에 대해 "그렇지 않다. 불교가 정통이고 장자 종교이며 모든 종교는

(구원에 있어서) 평등하다고 전제하고 불교는 불교의 구원의 메시지가 있고 기독교는 기독교의 구원의 메시지가 있다. 그 한계를 불교도 뛰어넘을 수 없고 기독교도 뛰어넘을 수 없기 때문에 그 차별성을 인정하고 대화를 하자는 것이다. 우리는 불교를 비판할 권한이 없다"고 밝혔다(《크리스챤 신문》 보도).

은사주의 운동

은사는 하나님께서 성도들에게 값없이 특별하게 주시는 생명과 사랑의 선물로서 교회의 덕을 세우고 그리스도의 복음을 전파하는 원동력이다.

성경은 은사에 대해서 하나님께서 내려주시는 가장 좋은 것(약 1:17)으로 구원(롬 5:15), 영생(요 4:10), 성령(행 2:38) 및 믿음, 소망, 사랑, 은혜, 선, 복 등이 있으며 그중에서 가장 큰 은사는 하나님이 죄인을 구원하시려고 예수 그리스도를 보내주신 것이라고 밝히고 있다.

성령의 은사는 예수 그리스도의 십자가 구원과 하나님의 씨 뿌리는 우주 경영 법칙 아래서 그리스도께서 머리가 되시는 공동체인 교회의 지체인 성도들에게 풍성히 주어지고 있다.

성령의 은사는 성도들이 세상 삶의 편의와 욕망을 바라는 꿈을 이루고 육신의 건강과 재물의 복을 누리며 평안하게 안주시키기 위한 방편으로만 사용하라고 주어지는 것이 아니다. 교회의 지체들인 성도들이 복음적이고 교회적이며 오직 예수 그리스도의 아버지 하나님께 영광을 드리는 일에 사용하라고 주신 능력이다. 즉, 하나님의 창조 섭리에 따라 악을 선으로 변화시키는 그리스도의 세계 안에서 복음을 전파하며 하나님 나라의 영광을 나타내라고 주시는 은사인 것이다.

초대교회 이후 악한 세상과 힘겹게 싸워나가는 성도들에게 성령의 은사는 큰 힘이 되어 복음을 전파하는 교회의 능력으로 나타나면서 은사 운동이 활발해졌다. 현대 은사 운동의 대표적인 것이 순복음주의 은사 운동이다. 하지만 근래 성령의 은사가 교회 성장을 위한 도구로 전락하고 또 인간의 육신을 위한 욕망의 도구로 이용되며 토속 신앙처럼 둔갑시키는 부작용이 있다는 지적도 들린다.

기복적 치유의 신앙

기독교는 하나님이 주시는 만 가지 복을 바라고 믿는 신앙의 종교다. 성도들은 하나님께 신령한 예배로 경배하고 목숨을 다하고 정성을 다하며 경외하고 영광을 드리는 직분자로서 하나님이 주시는 구원의 복을 받아 선한 삶 안에서 영원한 사랑을 소망하며 예정된 천국 백성이 되려고 경건한 믿음생활을 하고 있다. 성도는 하나님의 아들이고 충성스러운 청지기이며 사랑의 상대로서 영광을 위하여 부르심을 받았기 때문에 그 믿음의 열매에 따라 현재적인 축복을 받으며 행복하게 사는 것은 당연하다.

하지만 이 세상의 물질 명예와 욕망적인 안일한 삶을 지나치게 추구하며 하나님을 복을 주시는 도구로 이용하려는 얄팍한 기복신앙이 신앙의 참뜻을 흐리게 만들고 있다. 하나님의 영농하시는 섭리는 뒤로 밀어내고 잠시 머물다가 가는 이 세상에서의 안일과 만족을 위한 신앙생활에 매달리게 하고 있는 것이다. 이런 육적 욕망에 치중하는 신앙의 부작용은 하나님의 복을 받겠다고 교회를 찾아오는 성도들에게 교회 지도자들이 성령의 은사를 '기복신앙을 부추기는 방편'으로 이용하고 강조하는 데서 발생하고 있다. 또한 불신자 전도와 연약한 신앙의 허점을 보완해주고 자라나게 하려는 욕망으로 기복신앙을 지나치게 강조하면서 기독교를 마치 복만을 추구하는 종교로 변질시키고 있는 것이다.

심지어 하나님의 지도자를 지원하는 성령의 은사가 마치 세상의 무당들처럼 헌금을 받고 병을 고치고 귀신을 쫓아내고 어려운 인생 문제를 해결하는 능력으로 오해하는 경우도 있다.

요즘 성령의 은사 가운데 치유의 은사가 기독교의 대표적인 신앙의 은혜로 선전되면서 많은 신유 은사 집회가 유행하고 있다. 치유의 은사가 마치 신학의 한 부분인 것처럼 연구 대상이 되어 치유를 받기 위해서 신앙생활을 하는 것으로 오인하게 만들고 있기도 한다.

인위적 방언 훈련

성령 충만한 성도와 지도자가 방언을 하는 것은 당연하다. 하지만 방언이나 방언 통역함이 믿음의 분량을 가늠하거나 지도자의 권위를 높여주는 것은 아니다. 어떤 부흥 강사는 방언을 하지 못하는 성도는 성령 세례를 받지 못한 것처럼 말하고 자기가 하는 방언을 따라 하라고 강요하기도 한다.

어느 기독교 언어학자는 방언이 실제적 언어와 비슷하지 않다고 지적하고 있다. 유행하고 있는 방언을 보면, 같은 언어의 반복이 너무 심하다. 방언과 방언하는 사람의 언어 배경이 비슷하다. 한두 개의 모음을 지나치게 많이 사용한다. 언어적 구조가 부족하다. 긴 방언에 비해 방언 통역이 거의 없다. 동일한 구절의 통역이 일치하지 아니한다 등 인위적인 방언과 그 통역에 대해 의심을 갖게 한다고 말했다.

방언의 은사를 받겠다고 기도원이나 산속에서 소리치는 경우가 적지 않지만 사람의 노력으로 얻는 방언이 아니라 기도 중에, 말씀 묵상 중에 얻는 진실한 성령의 방언을 사모해야 한다.

에큐메니칼 운동

교회 지도자들은 개교회주의로 분산된 교회 연합을 원하고 있다.

초대교회 때부터 지속되어온 교회 연합 운동은 에큐메니칼 신학으로 발전하고 분열 상태에 있는 교회를 하나의 거대한 종교 집단으로 만들어 교회의 힘을 대내외에 과시하고 교회의 역할 증대에 기여하려는 운동이다.

세계교회협의회(WCC)를 정점으로 추진되고 있는 교회 연합 일치 운동인 에큐메니칼 운동은 가톨릭교회에 대항하고 개혁 교회들이 연합해서 교회의 역할을 제대로 하자는 취지에서 일어났다.

"개교회주의의 뿌리가 깊은 교회의 연합 운동은 신학으로 해결되는 것이 아니며 또 신구 교회의 연합론과 자유주의자들까지 포용해야 한다"는 주장에 따라 에큐메니칼 운동은 정치 집단화하는 등 부작용과 신학적 이견으로 분열되어 있는 실정이다. 기 형성된 각 교단의 이해득실과 뿌리 깊은 개교회주의와 교회의 전통성 등이 걸림돌이 되고 있는 것이다. 흩어져 땅 끝까지 복음을 전파하라는 그리스도의 명령에 충실하려는 보수주의자들의 반발과 교회 연합 및 일치 운동으로 빚어지는 정치 집단화의 부작용을 우려하는 문제 등으로 아직은 필요하다는 욕구보다 숙고해야 할 교회의 숙제라는 견해가 많다.

뉴에이지 및 포스트모던 운동

일부 지도자들이 뉴에이지 및 포스트모던 운동을 내세워 영적으로 미숙한 청소년들을 현혹시키고 있다. 이 운동들이 반기독교 운동으로 확산되면서 진리의 복음을 전파하는 교회에 악영향을 주고 있기도 하다.

하지만 무신론자라고 자처하는 이들은 맘몬(재물의 신)과 자신의 능력, 과학, 문화를 신봉하는 유신론자들이다.

포스트모더니즘은 기독교 근본주의 사상과 반대되는 개념으로서 문화의 형태로 유행한 이념이다. 이는 이성과 현대주의에 대한 깊은 불신과 기독교 진리에 대해 근본적으로 거부하는 분위기와 마음가짐을 나타내는 문화 운동이기도 하다. 성경에서 제시하는 진리와 생명으로 인도하는 교리를 다양한 문화와 다원론적 종교의 모양 안에서 찾아내 포용하려고 한다. 인간이 하나님과 동등하며, 모든 삶의 책임으로부터 자유를 누려보려는 사상이기도 하다. 이성을 중시하던 사상이 감성적으로 흐르고 공유에서 개성 중심으로 바뀌면서 근대주의 예술 문화와 합리성을 부정하며 초월하려는 문화 운동이다.

뉴에이지 운동은 수많은 비기독교적인 잡동사니를 모아놓은 인간 행동 방식으로서 인간도 신적 존재라고 여긴다. 인간의 근본적인 결함은 자신의 신적 가능성의 무지에 있으며 인간의 최대 필요는 개인적인 변형에 있다고 믿는다. "모든 종교는 참되다. 그러므로 인간의 완전한 해방을 위해 지구 전체의 종교적 연합이 있어야 한다"고 주장한다. 이들은 성경의 하나님은 남성적 인간이 고안한 것이라고 이야기하는 등 기독교의 교리를 부인하고 폄하하는 사상을 담고 있다.

진화론과 환생, 점성학, 초월, 명상 등을 포함하는 신비주의적인 이단

신앙 사상의 뿌리에서 자라나고 있는 뉴에이지 운동은 새 세대 운동이라는 허울 좋은 가면을 쓰고 범세계적으로 각 종교에 침투하고 있으며 특히 기독교 안에 들어와서 기독교식 가르침으로 둔갑해 미혹하고 있는 실정이다.

포스트모더니즘과 뉴에이지 사상은 철저한 인본주의 지도자가 자신의 능력으로 현실적 향락과 육적 만족을 추구하기 위해 만든 어리석은 몸부림이다. 그 옛날 에덴동산에서 시작된 뉴에이지 운동과 포스트모더니즘의 사상은 아담과 하와 부부를 하나님으로부터 떠나 죄 짓고 타락하게 만들었다. 그리고 그 여파로 노아의 홍수를 자초했고 니므롯과 그 아내 세미라미스를 주동으로 바벨탑을 쌓고 바벨론의 이단 사상을 만들어내기도 했다.

이는 여러 종교를 탄생시키면서 페르시아의 불을 숭배하는 조로아스터교를 위시한 이슬람교, 불교 등으로 발전했다. 또한 그리스·로마의 신화를 낳으며 지금도 그 모양과 방법을 달리하면서 범신론적 우상 이단을 만들어내며 세력을 확장하고 현대적 바벨탑을 쌓고 있다. 이런 유사한 운동은 앞으로도 계속 나타나 교회를 위협하고 세상을 혼란하게 할 것으로 보인다.

일부 교회 지도자 집단의 행태들

> 그러나 백성 가운데 또한 거짓 선지자들이 일어났었나니 이와 같이 너희 중에도 거짓 선생들이 있으리라 그들은 멸망하게 할 이단을 가만히 끌어들여 자기들을 사신 주를 부인하고 임박한 멸망을 스스로 취하는 자들이라(벧후 2:1).

한국 교회의 협의체로서 연합된 힘을 과시한다는 어떤 기독교 단체의 홈페이지에 게시한 〈생명의 강 살리기 종교 여성 공동 기도문〉을 보면 "하늘에 계신 하느님, 부처님, 성모 마리아님, 소태산 대종사님의 마음에 연하여 오늘 4대 종단의 종교 여성이 일심으로 간구하오니 부디 이 땅에서 죽음의 굿판 대신에 신명 나는 살림의 굿판이 벌어지도록 인도해주십시오. 모두가 잘 사는 세상은 신기루일 뿐 모두가 골고루 가난해지는 것만이 생명 세상으로 나아가는 유일한 선택인 것을 깨닫게 해주십시오. 이제 4대 종단의 종교 여성들이 가부장적 개발의 망령에서 벗어나 사랑과 자비 정의와 평화가 한데 어우러지는 후천개벽의 새 세상을 열기로 결단하오니 모쪼록 믿음의 싹이 아름다운 꽃으로 피어날 수 있도록 우리를 지키고 돌보아주십시오. 받들어 비옵나니 당신의 뜻이 이루어지이다 나무아미타불 아멘"이라고 적혀 있다. 이 기도문은 기독교 정신으로 세워진 S 대학교의 구 모 교수가 작성했다고 한다.

세상의 모든 종교가 신앙의 사상이나 교리를 초월해서 화합하여 좋은 세상을 만들어보자는 취지를 표현하려던 것으로 보이지만 이는 기독교의 진리와 신학 사상에서 벗어난 어처구니없는 마귀적인 농간의 표출이다.

지금 이 세상에 하나님의 뜻, 말씀과 진리의 법과 동떨어진 허망한 망상에 사로잡혀 기이한 작태를 벌이고 있는 거짓 교회 지도자들이 은밀하게 활개치고 있다는 우려가 적지 않다.

성경 역사는 교회 지도자들을 악착같이 미혹하는 사이비 이단 종교들과의 영적 싸움을 기록하고 있다. 성령께서 탄식하며 진리로 인도하시고 계시지만 바보스러운 인간 지도자들은 미숙한 예지의 지성과 철학과 사상의 힘으로 종교를 개척하며 온갖 미신과 우상을 만들어 전능하신 창조주로 착각하며 섬겨왔다. 이런 이단 사이비 종교의 준동은 바르지 못한 신학의 방황과 부재로 인해 발생하고 유대교, 가톨릭교, 이슬람교 등 유사 기독교와 기독교의 이름을 내세운 통일교, 신천지교, 여호와의 증인 등 이단 사이비 종교를 양산했다.

지금 이 세상에는 태양신과 우상, 잡신을 숭배하고 조상의 넋을 신격화하여 제사를 드리면서 나는 무신론이라고 큰소리치고 있는 종교 지도자들이 많다. 이런 무신론자와 공존해야 하는 교회의 지도자와 선지자, 신학자들의 책임은 막중하다. 이는 그리스도를 아는 진리의 신학이다. 교회 목회가 제 구실을 못하는 현실로 나타나는 비극을 반영하고 있기 때문이다.

> 악한 자의 나타남은 사탄의 활동을 따라 모든 능력과 표적과 거짓 기적과 불의의 모든 속임으로 멸망하는 자들에게 있으리니 이는 그들이 진리의 사랑을 받지 아니하여 구원함을 받지 못함이라 이러므로 하나님이 미혹의 역사를 그들에게 보내사 거짓 것을 믿게 하심은 진리를 믿지 않고 불의를 좋아하는 모든 자들로 하여금 심판을 받게 하려 하심이라(살후 2:9~12).

성경은 교회의 지도자들에게 이단 사상이 준동하는 실상과 그 결과를 설명하고 있다. "그러나 성령이 밝히 말씀하시기를 후일에 어떤 사람들이 믿음에서 떠나 미혹하는 영과 귀신의 가르침을 따르리라 하셨으니"(딤전 4:1)라고 현혹되지 말라고 경고하면서 "우리는 하나님께 속하였으니 하나님을 아는 자는 우리의 말을 듣고 하나님께 속하지 아니한 자는 우리의 말을 듣지 아니하나니 진리의 영과 미혹의 영을 이로써 아느니라"(요일 4:6)라고 오직 성경의 진리와 가르침 안에서 진실한 믿음으로 승리하라고 당부하고 있다.

우주를 만드시고 섭리하시는 하나님을 알려는 신학은 인간이 연구하고 배워야 할 최고의 학문이다. 교회가 신학으로 바로 서야 세상에 감동을 줄 수 있다. 교회의 사회적 불신과 지탄, 조롱 그리고 침체의 원인은 신학이 부실하고 교회의 울타리 안에 갇히어 세상과 소통하지 못하고 있기 때문이다. 말씀을 소홀히 하는 신학은 뿌리를 잃은 나무와 같다. 신학이 없는 신앙은 세파에 흔들리는 파도와 같고, 신앙이 없는 신학은 무미건조해지기 마련이다.

신학은 교회를 위한 것이다. 그런데 교회 지도자가 신학을 많이 하면 교회가 성장하지 않는다. 설교가 재미없고 잠이 온다고 말한다. 또 성도가 신학 공부를 하면 교회 지도자가 피곤해진다고도 한다. 이는 교회 지도자가 신학을 어설프게 했다거나 성도가 공부를 제대로 하지 않았다는 증거다. 교회 지도자와 성도는 신앙이 없는 신학은 무미건조해지고 신학 없는 신앙은 자기 주관에 빠지는 위험이 있다는 것을 알아야 한다. 신학은 지적 만족을 얻기 위하거나 학문으로만 배우는 것이 아니라 믿음의 양식을 삼아야 하는 중요한 뜻이 있다는 것을 깨닫고 신학 공부를 해야 한다.

03

신학과 신앙의 갈등으로 갈라진 교회

신화와 끝없는 족보에 몰두하지 말게 하려 함이라 이런 것은 믿음 안에 있는 하나님의 경륜을 이룸보다 도리어 변론을 내는 것이라 이 교훈의 목적은 청결한 마음과 선한 양심과 거짓이 없는 믿음에서 나오는 사랑이거늘 사람들이 이에서 벗어나 헛된 말에 빠져 율법의 선생이 되려 하나 자기가 말하는 것이나 자기가 확증하는 것도 깨닫지 못하는도다 그러나 율법은 사람이 그것을 적법하게만 쓰면 선한 것임을 우리는 아노라(딤전 1:4~8).

진리로 세상을 선하고 거룩하게 변화시키고 말씀으로 치유해야 할 교회 지도자들이 신학 사상과 신앙적 갈등, 보수와 진보 논쟁, 그리고 개교회주의적 성장 의욕으로 분열하고 있다. 영웅심이 강한 교회 지도자들의 분열은 많은 교단이나 연합회를 만들어 각개 약진을 하면서 급기야 세상 사람들로부터도 비웃음을 사는 지경에 이르고 있다.

세상과 영적 싸움을 하고 있는 교회의 연합은 절대 필요하다. 빛과 소금의 역할을 효과적으로 하며 그릇된 세상을 변화시키는 복음 전파와 하나님 나라 확장을 위해 뭉쳐진 힘을 가져야 하기 때문이다.

교회가 어떤 신학 이념의 교단에 소속했느냐 하는 기준이 교회의 교리와 목회와 신학적 성격을 가늠하는 기준이 되고 있다. 어떠한 교단에 소속되었느냐 하는 문제는 보수와 진보, 정통과 이단을 판별하는 잣대가 되기도 한다. 그리고 교단이나 연합회 등 교회를 대표하는 기관들은 교회 위에 군림하며 세상 및 정부와의 대화 창구 노릇을 하고 있다. 교회들은 소위 건전한 교단이나 연합회에 소속하지 못하면 인정을 받지 못하며 무력하게 된다는 사실을 통감하면서 교단에 가입하지 않고도 교회 목회를 할 수 있는 방법을 찾으려고 한다. 하지만 어쩔 수 없이 또 다른 독립 교회 연합회를 만들기도 한다.

개성이 강한 교회 지도자들의 명예와 감투욕의 산물이 된 교단 분열은 다시 하나가 되자는 요망을 촉구하고 있지만 쉽지 않다. 심지어 교단 총회장 등 지도자 선거에 금품이 뿌려지고 이단 시비와 목회 부정을 들추며 비난을 일삼기도 한다. 신학에서 거리가 멀어진 교단들은 신학을 외면하고 신학자는 나 홀로 외로운 길을 가려고 고집을 부리고 있다. 또 세계 선교를 지향하는 기독교 단체들이 각기 개성이 강한대로 개별 약진을 하며 통일성을 상실하고 있다.

> 또 만일 나라가 스스로 분쟁하면 그 나라가 설 수 없고 만일 집이 스스로 분쟁
> 하면 그 집이 설 수 없고 만일 사탄이 자기를 거슬러 일어나 분쟁하면 설 수 없고
> 망하느니라(막 3:24~26).

세계를 품고 복음을 전파하는 기독교가 복음 전도의 효과를 더 많이 얻기 위해 여러 명목의 국제기구를 만들고 활동하고 있지만 적지 않은 잡음이 들리고 있다. 세계 기독교계는 장로교, 감리교, 침례교, 성결교 등 100여 개의 교파가 난립하고 있다. 한국의 경우도 신학과 신앙의 색채가 서로 다른 교단이 200개가 넘게 서로 자기주장을 펴며 성도들을 헷

갈리게 하고 있다. 교파 분열은 연합에 의한 협조보다 신학의 편견과 교세 확장 등 갈등의 불씨만 지피는 부작용만 양산하고 있는 것이다.

국제적인 세계 교회 연합체인 WCC는 국제 연합 기구 UN을 태동케 하는데 기여했지만 공산주의자가 침투해 있고 또 개발도상국의 혁명을 유도하기도 하고 불교, 이슬람교, 유대교, 가톨릭교 등과 연합하여 평화와 공존을 성취하자는 범신론적 이념의 사회주의 인권 운동에 치중하는 집단이라는 반발을 사고 있다.

04

헛된 꿈과 무지개로
진실을 왜곡하는 지도자

> 만군의 여호와 이스라엘의 하나님께서 이와 같이 말씀하시니라 너희 중에 있는 선지자들에게와 점쟁이에게 미혹되지 말며 너희가 꾼 꿈도 곧이 듣고 믿지 말라 내가 그들을 보내지 아니하였어도 그들이 내 이름으로 거짓을 예언함이라 여호와의 말씀이니라(렘 29:8~9).

하나님을 떠나 불확실한 세상을 어렵게 헤쳐나가고 있는 많은 사람들은 행복한 삶을 꿈속에서라도 맛보기를 원한다. 또 어떤 목적을 달성하려는 희망을 무지개처럼 기대하며 그것을 현실화하기를 바라고 노력한다. 자신의 의사와는 상관없이 생각이나 잠자리에서 꾸는 꿈을 현실화하기를 바라며 그것들이 이루어지기를 원하고 애쓰기도 한다. 혹시 기적적으로 자기의 꿈이 이루어질까 하는 기대와 무지개 같은 인생 목표를 향하여 역사 속을 맹목적으로 달려가기도 한다. 그러나 가끔 실제로 헛된 꿈이 현실로 나타나기도 하고 허황된 무지개가 손에 잡히기도 한다.

세상 지도자들은 꿈속에서 희망을 그리고 또 무지개의 환상에 도취하기 좋아하는 사람들의 마음을 사로잡으려고 노력하면서 꿈과 무지개를 적절하게 활용한다. 사회적인 모임이나 집단에서 어떤 목적을 달성하려는 견인력으로 "꿈은 이루어진다"는 표어를 내걸고 사람들을 선동하는 경우가 많다. "꿈이 없으면 희망도 없다. 꿈이 없는 인생은 갈 곳을 모르는 배가 어두움 속을 항해하는 것과 같다"고도 말한다. 삶의 욕망을 꿈속에서 먼저 설계하며 이루어보려고 노력을 한다. "노력을 하면 희망하는 목적을 이룰 수 있으니 밤낮을 가리지 않고 최선을 다하자"고 선동하는 구호로 무지개와 꿈이라는 말을 내세우고 있는 것이다.

미지의 세계를 향하여 달려가는 시간 안에서 어떤 모양으로 닥치게 될지 알 수 없는 불안한 삶에 대한 마음을 달래보려는 심리적 작용을 눈을 뜨고도 꿈을 꾸는 것처럼 나타나기를 바라게 하는 것이다. 사람들은 자기의 소망이나 희망 사항들이 과연 이루어질 것인가 의심하면서도 그 성취되는 때의 찬란하고 아름다운 만족을 환상처럼 꿈꾸며 고대하고 있기 때문이다.

꿈과 무지개라는 말은 정치판과 사회적인 욕망의 도구가 되고 있다. 하지만 그릇된 구호들을 곧장 활용하는 일부 교회 지도자들은 참생명을 찾아가는 길을 바라보는 눈을 멀게 하고 진리의 복음을 듣는 귀를 막아버리고 진리와 생명의 소망을 잊어버리게 하고 있다.

이 세상은 씨를 뿌리되 죽기 위한 씨를 뿌리는 어두운 역사를 엮어나가고 있다. 잠시 머물다가 가는 이 세상에서 허황된 무지개를 좇으며 그것을 달성하려고 꿈꾸는 사람들은 썩어질 것을 거두려고 악한 세상의 돈, 명예, 향락을 우상으로 삼고 살아가고 있는 소경들과 같다. 어떤 사람은 인생은 빛을 잃고 고독하며 죄악의 늪을 헤매고 있는 것과 같기 때문에 어쩌면 헛된 무지개나 꿈이 필요한 것인지도 모른다고 말하기도 한다.

하지만 꿈은 꿈이고 무지개는 무지개다. 안개처럼 흘러가는 인간 역사의 흔적일 뿐 영원한 것이 아니다. 꿈이나 무지개는 상징일 뿐 생명이 없고 깨어나면 사라지는 피조물이다.

성경은 꿈이나 무지개를 하나님께서 계시하시는 뜻을 상징하는 증표로 활용하고 있다. 지도자들이 인간의 목적이나 희망을 부추기기 위해 사용하며 사람들을 현혹하는 것은 가소로운 것이며 특히 교회 지도자가 오용할 때는 더 가증한 것이 될 것이다.

꿈속에서 헛고생을 하는 인생

주여 사람이 깬 후에는 꿈을 무시함 같이 주께서 깨신 후에는 그들의 형상을 멸시하시리이다 내 마음이 산란하며 내 양심이 찔렸나이다(시 73:20~21).

영혼 불멸을 알려주는 성경은 인간의 죽음을 잠잔다고 표현한다. 죽음에 대해 육신의 재활용을 위해 죽은 것처럼 잠자며 활력을 충전시키는 휴식으로 설명을 하고 있다. 잠은 육체의 활동을 멈추는 시간의 공백과 같지만 뇌의 일부는 계속 활동한다. 그러므로 죽어 마땅한 사람이 꾸는 꿈은 그것이 아무리 멋지고 화려해도 태반이 비현실적인 꿈으로 끝나고 마는 허무한 것들이다.

꿈은 과거의 경험이나 기억이 무의식의 수면 상태에서 자발적으로 활동하는 감각적인 느낌이다. 큰 자극이나 생각이나 희망 사항이나 상념의 반영이면서 현실이 아닌 관념의 상태를 나타내주는 두뇌의 작용이다. 또 꿈은 잠재의식에 의한 표현으로서 공상이나 체험, 예지의 능력이 수면 상태 중에 두뇌 활동을 통해 어떤 상황을 느끼게 하거나 평소 갖고 있던 마음의 작용을 반영하기도 한다.

> 주린 자가 꿈에 먹었을지라도 깨면 그 속은 여전히 비고 목마른 자가 꿈에 마셨을지라도 깨면 곤비하며 그 속에 갈증이 있는 것 같이 시온 산을 치는 열방의 무리가 그와 같으리라(사 29:8).

많은 지도자들이 꿈을 가지라고 권고하는 것은 추종자들을 잠자듯 무의식의 상태에서 따라오기를 바라고 또 자신의 꿈을 이루는 도구로 지배하고픈 욕망에서 나오는 경우가 많다. 어떤 이상적인 것을 지향하며 그 목적에 동화시키려고 하는 신념에서 활용을 한다.

성경은 꿈속에서 배가 고파 음식을 아무리 많이 먹어도 배가 부르지 않는 것처럼 꿈은 꿈으로 끝나는 현상이라고 지적하고 있다.

하나님을 알려는 소망으로 영적인 묵상이나 찬송을 많이 부르고 성경 읽기에 많은 시간을 보낸 사람은 화사한 봄날과 같은 긍정적인 꿈을 꾸는 경우가 많다고 한다. 하지만 세상의 두렵고 불안한 생활에 주눅들고 미움과 원망, 갈등으로 마음의 고생이 많은 사람은 악한 짐승에 쫓기거나 낭떠러지에서 추락하는 나쁜 꿈을 꾸기 십상이라고 한다.

> 너희 중에 선지자나 꿈 꾸는 자가 일어나서 이적과 기사를 네게 보이고 그가 네게 말한 그 이적과 기사가 이루어지고 너희가 알지 못하던 다른 신들을 우리가 따라 섬기자고 말할지라도 너는 그 선지자나 꿈 꾸는 자의 말을 청종하지 말라 이는 너희의 하나님 여호와께서 너희가 마음을 다하고 뜻을 다하여 너희의 하나님 여호와를 사랑하는 여부를 알려 하사 너희를 시험하심이니라(신 13:1~3).

이룰 수 없는 현실을 꿈속에서나마 이루며 불만족을 해소시키거나, 그 꿈을 현실화하려고 노력하는 것을 희망이라고 한다. 하지만 그것은 인생의 참목적을 이루는 것이 아니고 좌절을 감소시키는 수단밖에 되지 않는다는 것을 명심해야 한다. 특히 어떤 희망을 갖게 하려고 꿈을 가지라고 권장하는 것은 우상을 섬기라고 하는 것과 비슷하기도 한다.

교회에는 꿈이 아닌 믿음과 소망이라는 멋진 말이 있다. 참사랑을 소망하는 것이 믿음이기 때문이다. 그런데 '꿈꾸는 교회', '꿈꾸는 도서관'이라는 이름이 생기고 꿈을 가지라고 하는 설교가 나돌고 있다.

하나님의 백성은 잠자는 꿈의 환상에서 벗어나 참된 빛 안에서 참자유를 누리며 영생을 소망하며 참사랑을 찾아 진리의 행진을 해야 한다.

허황된 무지개를 잡으려는 인생들

> 무엇이든지 내 눈이 원하는 것을 내가 금하지 아니하며 무엇이든지 내 마음이 즐거워하는 것을 내가 막지 아니하였으니 이는 나의 모든 수고를 내 마음이 기뻐하였음이라 이것이 나의 모든 수고로 말미암아 얻은 몫이로다 그 후에 내가 생각해 본즉 내 손으로 한 모든 일과 내가 수고한 모든 것이 다 헛되어 바람을 잡는 것이며 해 아래에서 무익한 것이로다(전 2:10~11).

사람들은 역사 안에서 제각기 아름다운 색깔로 찬란하게 빛나는 미지의 무지개를 잡으려고 달려가고 있다. 자신의 안위와 만족과 삶의 보람을 얻으려는 욕망이 가득 찬 인간은 그 결과는 애써 무시한 채 허공에 그려낸 희망이라는 무지개를 잡으려고 인생을 걸고 노력을 하고 있는 것이다.

무지개는 태양 빛이 낮은 하늘에 널려 있는 작은 물방울을 통과할 때

굴절에 의해서 나타나는 일곱 가지 색이다. 무지개 색깔은 빨강(정열), 주황(인내), 노랑(평화), 초록(휴식), 파랑(희망), 남색(겸허), 보라(사랑) 등 뜻을 지니고 있다.

인간은 무지개라는 말을 죄로 오염된 세상을 살면서 어떤 바람을 성취하거나 짙은 안개가 낀 절망적인 현실에서 한 가닥 행운을 잡으려는 희망으로 표현하고 있다. 무지개는 인간들이 전능자를 의지하지 않고서는 얻을 수 없는 소망들을 허공을 향하여 막연하게 이루어질 것으로 착각을 하게 하는 인생의 윤활유 역할을 하고 있다. 무지개는 진리를 찾아 헤매는 인간들에게 빛 좋은 개살구와 같고 해답이 없는 철학과 같고 악해지는 문화 안에서 생명을 찾으려고 애쓰는 우상 숭배자의 상징과 같다.

정복자로 알려진 나폴레옹은 소년 시절, 저 멀리 언덕 위에 떠 있는 무지개를 쫓아 광야를 달렸지만 끝내 그의 일생은 헛된 무지개를 쫓는 욕망과 실패와 좌절로 종말을 맞이했다. 이처럼 무지개를 쫓아 달리는 인생의 모습들을 보면 다양하지만, 지도자들은 꿈꾸며 잡으려는 세상의 무지개가 인생의 목적이 될 수 없다는 진실을 알면서도 그것을 잡자고 충동질을 하고 있다.

그러나 많은 사람들은 죽음을 현란하게 포장한 무지개의 진실을 알지 못하고 아름다운 생명으로 착각하며 그 구호에 박수를 치며 쫓아가고 있다. 보기 좋은 무지개 색깔 속에 잠재한 실패와 좌절, 성공과 만족이 교차하는 희노애락의 곡선을 넘나들며 달리고 있는 것이다. 결국은 죽음 앞에서 허무한 인생을 깨닫고 그 허탈감에 낙망할 것이다.

성경은 무지개를 구원을 위한 상징적인 언약의 도구로서 하나님의 뜻을 나타내는 데 사용하고 있다. 무지개의 일곱 가지 색의 총합은 거룩함을 뜻하는 흰색이 되고 무지개의 일곱 색을 생명의 빛으로 상징한다. 하나님의 은혜와 사랑, 예수 그리스도의 구원과 영생의 축복이라는 뜻을 표현하고 있기도 하다. 창조의 날 수가 7일이고 일주일이 7일이며, 일곱 촛대와 일곱 교회 이야기는 하나님께서 진리를 전달하시는 섭리를 깨닫게 하고 있다.

어떤 사람들은 성경에서 무지개와 꿈을 인간이 바라는 삶의 소망을 위해 보여주시는 계시라고 오해하고 있다. 이는 성경의 계시와 예언을 인간의 희망과 혼동하는 데서 발생하는 어리석은 말이다.

성경은 하나님께서 무지개와 꿈을 인간 구원의 도구로서 창조와 역사 섭리의 뜻을 환상이나 이상으로 미리 계시하시거나 믿음을 갖게 하시기 위한 영적 은혜의 방편으로 사용하신다고 밝히고 있다.

기독교는 잠시 이 세상에 머물다가 가는 인간의 욕망을 위하거나 교회에서 봉사하겠다는 의지를 내세워 무지개와 꿈을 사용하는 것을 금기시하고 있다.

성경으로 해석하는 꿈 이야기

그의 형들이 그에게 이르되 네가 참으로 우리의 왕이 되겠느냐 참으로 우리를 다스리게 되겠느냐 하고 그의 꿈과 그의 말로 말미암아 그를 더욱 미워하더니 요셉이 다시 꿈을 꾸고 그의 형들에게 말하여 이르되 내가 또 꿈을 꾼즉 해와 달과 열한 별이 내게 절하더이다 하니라 그가 그의 꿈을 아버지와 형들에게 말하매 아버지가 그를 꾸짖고 그에게 이르되 네가 꾼 꿈이 무엇이냐 나와 네 어머니와 네 형들이 참으로 가서 땅에 엎드려 네게 절하겠느냐(창 37:8~10).

성경은 바로 왕의 노예가 된 이스라엘 민족을 구원하시기 위한 사전 준비로 요셉을 부르신 과정을 기록하고 있다. 야곱의 아들인 소년 요셉은 하나님이 하시려는 역사를 미리 환상으로 보았다. 하지만 그 계시를 꿈으로 보았다고 착각을 했다. 형제들은 그 말대로 요셉을 꿈꾸는 자라고 낙인찍었으나 그 계시는 역사 안에서 요셉을 이스라엘 구원의 지도자로 삼는 현실이 되었다. 하나님의 씨 뿌리는 우주 경영 법칙에 의한 요셉의 사건이, 출애굽 사건으로 이어지는 인류 구원 섭리가 우연히 일어난 것이 아니라 하나님의 예정하신 뜻에 의해 진행된다는 것을 알려주고 있다.

> 기브온에서 밤에 여호와께서 솔로몬의 꿈에 나타나시니라 하나님이 이르시되 내가 네게 무엇을 줄꼬 너는 구하라(왕상 3:5).

성전을 건축한 솔로몬은 여호와를 사랑하고 그의 아버지 다윗의 법도를 따라 행하면서 하나님께 일천 번제를 드렸다. 솔로몬은 하나님께 아버지 다윗처럼 성실과 공의와 정직한 마음으로 하나님을 섬기고 민족을 지혜롭게 통치할 수 있게 해달라고 소원했다.

하나님께서는 솔로몬의 간구를 듣고 즐거워하시며 꿈을 통해 "이에 하나님이 그에게 이르시되 네가 이것을 구하도다 자기를 위하여 장수하기를 구하지 아니하며 부도 구하지 아니하며 자기 원수의 생명을 구하지 아니하고 오직 송사를 듣고 분별하는 지혜를 구했으니 내가 네 말대로 하여 네게 지혜롭고 총명한 마음을 주노니 네 앞에도 너와 같은 자가 없었거니와 네 뒤에도 너와 같은 자가 일어남이 없으리라 내가 또 네가 구하지 아니한 부귀와 영광도 네게 주노니 네 평생에 왕들 중에 너와 같은 자가 없을 것이라(왕상 3:11~13)고 축복하셨다.

솔로몬은 계시의 환상에서 깨어난 후 예루살렘에 이르러 여호와의 언약궤 앞에 서서 번제와 감사의 제물을 드리고 모든 신하들을 위하여 잔치를 베풀었다.

주께서 꿈으로 나를 놀라게 하시고 환상으로 나를 두렵게 하시나이다(욥 7:14).

하나님의 허용 아래 마귀로부터 모진 고난을 받은 욥은 꿈과 환상으로 자신이 겪어야 할 일을 알고 두려워했다. 욥은 무작정 고난을 받는 것보다 하나님의 계시를 받고 나서는 견디기가 쉬웠을 것이다.

오직 은밀한 것을 나타내실 이는 하늘에 계신 하나님이시라 그가 느부갓네살 왕에게 후일에 될 일을 알게 하셨나이다 왕의 꿈 곧 왕이 침상에서 머리 속으로 받은 환상은 이러하니이다 왕이여 왕이 침상에서 장래 일을 생각하실 때에 은밀한 것을 나타내시는 이가 장래 일을 왕에게 알게 하셨사오며 내게 이 은밀한 것을 나타내심은 내 지혜가 모든 사람보다 낫기 때문이 아니라 오직 그 해석을 왕에게 알려서 왕이 마음으로 생각하던 것을 왕에게 알려 주려 하심이니이다(단 2:28~30).

다니엘은 꿈속에서 받은 계시와 예언을 통해 하나님의 영광을 보았다. 왕에게 이루어질 운명을 꿈을 통해 보이신 하나님의 뜻을 꿈 풀이로 깨닫게 했다.

집에 들어가 아기와 그의 어머니 마리아가 함께 있는 것을 보고 엎드려 아기께 경배하고 보배합을 열어 황금과 유향과 몰약을 예물로 드리니라 그들은 꿈에 헤롯에게로 돌아가지 말라 지시하심을 받아 다른 길로 고국에 돌아가니라 그들이 떠난 후에 주의 사자가 요셉에게 현몽하여 이르되 헤롯이 아기를 찾아 죽이려 하니 일어나 아기와 그의 어머니를 데리고 애굽으로 피하여 내가 네게 이르기까지 거기 있으라 하시니(마 2:11~13).

동방박사 세 사람은 꿈속 계시를 통해 아기 예수 그리스도의 탄생을 알고 별의 안내를 받으며 예루살렘을 찾아가 경배했다. 그러나 헤롯 왕이 구원의 왕으로 오신 예수님을 찾아 죽이려고 하자 하나님은 환상을 통해 동방 박사들이 하늘의 비밀을 누설시키지 않도록 하셨다. 아기 예수 그리스도의 육신의 부모 요셉과 마리아는 환상과 같은 꿈을 통해 하나님의 경고를 듣고 애굽으로 피신했다.

여호와의 말씀이니라 보라 거짓 꿈을 예언하여 이르며 거짓과 헛된 자만으로 내 백성을 미혹하게 하는 자를 내가 치리라 내가 그들을 보내지 아니하였으며 명령하지 아니하였나니 그들은 이 백성에게 아무 유익이 없느니라 여호와의 말씀이니라(렘 23:32).

성경은 헛꿈과 허황된 무지개로 계시의 말씀을 왜곡시켜 미혹하는 악한 영의 지도자가 광명한 사람처럼 가장하고 날뛰고 있다고 알려준다. 우상 숭배에 길들여진 맛을 버리지 못하고 있는 일부 지도자나 선지자가 참사랑을 가장하고 거짓을 그럴듯하게 포장하며 미혹할지라도 넘어가지 말라고 경고하고 있다. 하나님께서 창조의 섭리와 뜻을 계시하시고 예언하시는 방법으로 사용하시는 무지개와 꿈을 인간의 정치적 목적이나 유익, 질병을 고치는 수단으로 전락시켜 사용하는 것은 위험하다. 인간이 바라는 꿈은 영과 육, 악과 선만큼이나 먼 거리를 두고 인간의 생각과 생활을 지배하고 있는데도 지도자들이 꿈을 갖자, 꿈꾸는 자가 되자, 꿈대로 이루어진다고 외치는 것은 그릇된 성경 이해와 신학 부족의 소치라고 여겨진다.

하나님의 계시를 깨닫게 하는 무지개

> 내가 내 무지개를 구름 속에 두었나니 이것이 나와 세상 사이의 언약의 증거니라 내가 구름으로 땅을 덮을 때에 무지개가 구름 속에 나타나면 내가 나와 너희와 및 육체를 가진 모든 생물 사이의 내 언약을 기억하리니 다시는 물이 모든 육체를 멸하는 홍수가 되지 아니할지라 무지개가 구름 사이에 있으리니 내가 보고 나 하나님과 모든 육체를 가진 땅의 모든 생물 사이의 영원한 언약을 기억하리라 하나님이 노아에게 또 이르시되 내가 나와 땅에 있는 모든 생물 사이에 세운 언약의 증거가 이것이라 하셨더라(창 9:13~17).

구원의 지도자 노아의 홍수 심판 때 하나님께서는 공중에 물방울로 만드신 아름다운 무지개를 언약의 증거로 삼아 보여주시고 다시는 물로 심판을 하시지 아니하신다고 약속하셨다. 그리고 에스겔서에서는 하나님께서 죄인 구원을 위해 부르신 선지자 에스겔에게 무지개를 통해 하나님의 영광을 나타내 보여주셨다(겔 1:28).

요한계시록 4장 3절에서는 "앉으신 이의 모양이 벽옥과 홍보석 같고 또 무지개가 있어 보좌에 둘렸는데 그 모양이 녹보석 같더라"라며 무지개가 하나님의 보좌를 멋지게 꾸미는 장식품으로 표현되기도 했다. 하지만 성경은 무지개를 하나님의 영광을 나타내는 도구로 사용했을 뿐 인간 삶의 기복을 소망하는 도구로 쓰지 않고 있다.

기독교에는 소망이라는 멋진 말이 있다. 성경은 불확실한 야망을 위한 꿈이 아니라 확실한 진리를 향한 소망을 가지라고 교훈하며 믿음의 지표로 삼으라고 충고한다. 그러므로 성도는 기복적이며 자기중심적인 꿈을 버리고 영원하신 하나님의 구원의 언약과 무한히 베풀어주시는 사랑을 소망하며 진리로 나아가야 한다.

> 다만 이뿐 아니라 우리가 환난 중에도 즐거워하나니 이는 환난은 인내를 인내는 연단을 연단은 소망을 이루는 줄 앎이로다 소망이 우리를 부끄럽게 하지 아니함은 우리에게 주신 성령으로 말미암아 하나님의 사랑이 우리 마음에 부은 바 됨이니 우리가 아직 연약한 때에 기약대로 그리스도께서 경건하지 않은 자를 위하여 죽으셨도다(롬 5:3~6).

지도자는 믿음으로 온전한 하나님 나라에 갈 때까지 하나님이 예정하신 뜻과 예비하신 예수 그리스도의 참된 빛으로 누리게 될 온전한 축복을 소망해야 한다. 사람들의 최고의 소망은 죽음에서 자유를 얻어 영원히 사는 것이다. 성령께서 성도의 믿음의 눈을 밝히시고 부르심의 소망이 무엇인지 깨닫게 하시고 그리스도의 기업에 동참하도록 돕고 계신다.

05
십자가가 사라진 교회

그는 우리의 화평이신지라 둘로 하나를 만드사 원수 된 것 곧 중간에 막힌 담을 자기 육체로 허시고 법조문으로 된 계명의 율법을 폐하셨으니 이는 이 둘로 자기 안에서 한 새 사람을 지어 화평하게 하시고 또 십자가로 이 둘을 한 몸으로 하나님과 화목하게 하려 하심이라 원수 된 것을 십자가로 소멸하시고 또 오셔서 먼 데 있는 너희에게 평안을 전하시고 가까운 데 있는 자들에게 평안을 전하셨으니(엡 2:14~17).

온 세상의 사람들은 밤하늘 높이 붉은 빛을 밝히고 있는 십자가를 교회의 표시로 인정하고, 성도들은 생명을 소망하는 구원의 은혜와 화평의 상징으로 바라보고 있다.

십자가는 로마의 압제를 받던 초대교회 시대에 중죄인을 사형시키는 형틀이었다. 하지만 구세주 예수 그리스도께서 성경의 예고대로 인간들의 모든 죄를 감당하시려 십자가 위에서 죽으시고 3일 만에 부활하신 사건 이후에는 이 세상을 살리시는 상징물이 되었다.

그런데 어떤 교파와 교단의 지도자들은 교회에서 십자가를 우상화하고 있다며 예배당 안에서 없애버리고 말았다. 십자가를 교회 강단에서 몰아낸 많은 목회자들은 성도들이 십자가를 교회의 표시나 구원의 표현으로서 바라보는 것이 아니라 십자가 자체에 기복적인 능력이 있는 것으로 오해하고 우상화하는 부작용이 있기 때문이라고 주장을 한다. 하지만 이들 교회들은 교회 지붕마다 십자가를 높이 세우고 밤에 붉은 빛을 비추고 또 교회 간판이나 주보와 안내 책자 등에는 십자가 표시를 사용하고 교단의 상징인 로고에도 십자가의 흔적을 나타내고 있는 것을 볼수 있다. 교회 안에서 몰아낸 십자가가 교회 밖에서는 버젓이 내걸고십자가를 구원과 부활의 표시라고 증거하는 모순을 연출하고 있는 것이다.

어떤 교회 지도자는 강단에 걸려 있어야 할 십자가 자리에 대형 영상스크린을 설치하고 있다. 이들은 그리스도의 십자가에 담긴 하나님의사랑의 뜻과 그 섭리와 십자가를 지고 나를 따르라고 하신 그리스도의명령에 대해 성도들에게 바르게 교훈하기에 앞서 십자가를 우상화하지않도록 말씀 안에서 교훈하는 일을 소홀히 하고 있는 것이다.

> 그리스도께서 나를 보내심은 세례를 베풀게 하려 하심이 아니요 오직 복음을 전하게 하려 하심이로되 말의 지혜로 하지 아니함은 그리스도의 십자가가 헛되지않게 하려 함이라 십자가의 도가 멸망하는 자들에게는 미련한 것이요 구원을 받는 우리에게는 하나님의 능력이라(고전 1:17~18).

십자가는 죽을 생명을 부활시켜 영원한 하나님 나라로 영접하여 참 구원을 이루시는 그리스도 대속의 증표다. 성도들은 십자가를 보며 회개하고 그리스도의 은혜와 하나님의 사랑을 항상 마음에 새기고 성령의 충만을 체험하면서 경건한 믿음 생활을 하고 있다. 또 십자가의 모양을 수직으로는 하나님을 사랑하고 수평으로는 이웃을 사랑하는 표시로 받아들이고 있다.

성자 하나님 예수 그리스도를 거부하는 유대교 이슬람교와 세상의 우상 숭배자들은 아직도 십자가를 저주의 형틀로만 보면서 불안해하고 두려움의 대상으로 여기고 있다. 그리스도의 십자가를 보면 마귀가 놀라 달아나 무당의 굿이 내리지 아니한다는 말도 있다. 온갖 악한 문제로 고통을 받거나 병든 자가 예수 그리스도의 십자가 고난에 동참하며 기도하면 병 고침이나 문제 해결을 받는다고도 한다.

사람을 사형시키려고 만든 나무 십자가는 그리스도의 구원의 상징일 뿐 하나님의 기적과 같은 초자연적인 능력을 발휘하는 주술적 물체가 아니다. 십자가가 그리스도의 기적을 상징한다고 착각을 한다거나 십자가 그 자체를 그리스도로 오해한다거나 십자가에 모든 인간들의 질병과 문제를 해결해주는 초자연적 능력이나 힘이 있다고 생각하는 것은 이단이나 사이비의 농간에서 나오는 것이다. 진리의 성경을 바르게 알지 못하고 또 신학 부재에서 나오는 어리석은 낭설이다. 십자가는 이 세상을 사랑하시는 하나님의 뜻과 섭리와 예수 그리스도의 구원의 은혜를 깨닫게 하고 율법을 완성하시고 죽음에서 생명으로 변화시키시는 부활의 역사에 사용된 나무로 만든 도구일 뿐이다.

> 또 자기 십자가를 지고 나를 따르지 않는 자도 내게 합당하지 아니하니라 자기 목숨을 얻는 자는 잃을 것이요 나를 위하여 자기 목숨을 잃는 자는 얻으리라 너희를 영접하는 자는 나를 영접하는 것이요 나를 영접하는 자는 나를 보내신 이를 영접하는 것이니라(마 10:38~40).

십자가에 감춰진 하나님의 사랑은 죽음에서 생명으로 거듭나게 하시는 승리의 증표다. 믿는 자가 그리스도의 구원으로 생명을 얻는 기이한 그 변화의 과정은 그리스도의 십자가 고난에 의한 은혜에서 나온다. 성도가 귀한 생명을 얻기 위해서 그리스도의 십자가 고난에 참예하는 것은 하나님의 씨 뿌리는 우주 경영 법칙의 섭리에 의한 당연한 의무이기도 하다.

예수 그리스도께서는 십자가 구원에 적극 참예하는 지도자를 부르시고 십자가를 지고 따르라고 하셨다. 그리스도의 십자가를 외면하거나 기피하면서 구원을 바라는 것은 위선이며 헛된 꿈과 같은 모습이다. 주님이 지신 십자가를 신앙의 요식 행위로 보며 다만 그 은혜를 감사하는 대상으로 여기는 것도 또다시 주님을 십자가에 달리게 하는 것과 같다.

이 세상의 사람들은 그 누가 무엇이라 해도 다 제 십자가를 지고 인생길을 가고 있다. 죽음과 질병의 문제, 자식들 걱정, 먹고살아야 할 생활의 문제와 공허한 영적 갈등으로 마음 상하는 일 등 무거운 생명의 짐에 억눌려 신음하고 있는 것이다. 믿음의 결단으로 십자가를 튼튼히 붙잡고 세상에서 당하는 고난을 이기며 그리스도의 영광을 바라보며 복음을 전파하는 것이 십자가 군병들의 사명이다.

그리스도께서 고난을 받으시고 교회의 상징이 된 십자가가 세상 사람들에게는 거부 반응을 일으키고 혐오스럽게 보인다고 해도 우리 믿는 성도들은 이 세상을 사랑하시고 죽음에서 생명으로 구원하시는 피의 제사를 증명하는 십자가를 세상 사람들에게 널리 바라보게 해야 한다.

06
빛을 찾아 방황하고 있는 기독교 언론

만일 나팔이 분명하지 못한 소리를 내면 누가 전투를 예비하리요 이와 같이 너
희도 혀로써 알아듣기 쉬운 말을 하지 아니하면 그 말하는 것을 어찌 알리요
이는 허공에다 말하는 것이라(고전 14:8~9).

하나님의 형상과 모양을 따라 만들어진 인간들은 생각과 말을 통해 정
보를 얻고 행동으로 온갖 문화를 형성하면서 역사의 흔적을 남기며 살
아가고 있다. 이에 따라 인간의 지식과 사상의 발달, 과학 산업의 발전
으로 정보 전달의 기능이 향상되면서 이를 보조할 언론 매체에 대한 의
존도가 나날이 높아지고 있다.

영적 전쟁이 치열해지고 있는 지금 기독교 언론의 지도적인 사명과 책
임은 더욱 중대해지고 있다. 하지만 첨단 정보화 시대에 빛이 되는 기독
교 언론이 교회 지도자의 지팡이 구실을 하지 못하고 있다는 우려의 소
리가 높다. 기독교 언론(신문, TV, 평론, 출판)의 태반이 하나님의 영광을 위
하고 그리스도의 복음 전파를 내세우고 있지만 교회 지도자들의 위상을
높이는 기복 신앙적 설교나 홀로 거룩한 척하는 지도자의 말씀으로 도

배를 하고 있는 실정이다. 또 유력한 지도자들의 대변인 노릇을 하기에 급급한 기독교 언론들은 지도자들의 능력을 과시하는 전시장을 연출하며 그들을 옹호하기에 바빠서 낮은 사람들의 말은 귓전으로 흘려버리거나 참여를 가로막고 있다.

이런 폐단은 기독교 언론의 태반이 성도들의 적극적인 지원으로 경영되어야 하는데도 경제 원리의 취약으로 인해 특정 지도자들의 독점물이 되어 그들의 입맛에 맞도록 운영되고 있기 때문이다.

세상의 언론들은 정치, 경제, 과학, 종교 등 삶의 현장에서 선도적 비판 능력으로 논평을 하고 방향 제시와 채찍질과 사회적 정보의 윤활유가 되려고 노력하고 있다. 하지만 왠지 기독교 언론은 사랑과 은혜로 세상을 포용하고 지도할 사명을 외면하고 스스로 종교라는 장벽을 치고 좁은 울타리 안에 갇혀 복음 전파와 선지자 본연의 임무를 외면하고 있다는 비난을 받는 지경에 놓여 있다.

조급한 자의 마음이 지식을 깨닫고 어눌한 자의 혀가 민첩하여 말을 분명히 할 것이라 어리석은 자를 다시 존귀하다 부르지 아니하겠고 우둔한 자를 다시 존귀한 자라 말하지 아니하리니 이는 어리석은 자는 어리석은 것을 말하며 그 마음에 불의를 품어 간사를 행하며 패역한 말로 여호와를 거스르며 주린 자의 속을 비게 하며 목마른 자에게서 마실 것을 없어지게 함이며 악한 자는 그 그릇이 악하여 악한 계획을 세워 거짓말로 가련한 자를 멸하며 가난한 자가 말을 바르게 할지라도 그리함이거니와 존귀한 자는 존귀한 일을 계획하나니 그는 항상 존귀한 일에 서리라(사 32:4~8).

하나님이 주신 구원의 말씀인 성경과 자연의 계시를 통해 올바른 기독교 진리를 탐구하고 또 지식과 신앙의 유익을 위한 정보 제공과 삶의 방향 제시에 앞장서야 할 기독교 언론의 지도자적인 역할은 막중하다.

하지만 하나님의 뜻과 그리스도의 복음, 성경 말씀 안에서라고 하는 사명을 내세워야 하는 제한의 벽 안에 갇힌 기독교 언론은 무한히 넓은 세상 안에서 스스로 폐쇄적이고 좁은 틀을 형성하고 제한된 정보 제공자의 위치로 몰락하고 있는 실정이다.

기독교적인 냄새가 풍기는 예술 문화 활동 분야에서 기독교의 진리를 훼손하는 것들이 적지 아니하지만 왠지 기독교 언론은 소극적 태도로 방관하거나 입을 다물고 있는 경우가 있다.

칸 영화제에서 큰 상을 받았던 영화 〈밀양〉이 기독교가 말하는 사랑과 소망과 위로가 얼마나 공허한 것인지 또 마음을 아프게 하는 것인지를 그려냈고, 또 가톨릭의 신부가 흡혈귀가 되어 친구의 아내와 불륜의 관계를 맺는 〈박쥐〉가 화제가 되어 관중을 모으고, 예수 그리스도의 탄생을 서구식의 대중 설화로 둔갑시켰던 〈다빈치 코드〉가 논란 속에서도 흥행에 성공하고 그 후속편 〈천사와 악마〉가 개봉되었다. 뿐만 아니라 TV에서 예수 그리스도가 신화적인 인물일 것이라는 것과 한국 교회의 근본주의 신앙을 꼬집었던 〈신의 길, 인간의 길〉이 방영되는 등 일그러진 반기독교 문화 활동이 활발해지고 있다.

> 우리의 싸우는 무기는 육신에 속한 것이 아니요 오직 하나님 앞에서 견고한 진도 무너뜨리는 하나님의 능력이라 모든 이론을 무너뜨리며 하나님 아는 것을 대적하여 높아진 것을 다 무너뜨리고 모든 생각을 사로잡아 그리스도에게 복종하게 하니 너희의 복종이 온전히 될 때에 모든 복종치 않는 것을 벌하려고 준비하는 중에 있노라(고후 10:4~6).

성경은 기독교 언론이 보다 넓고 크고 깊게 예수 그리스도의 세계 안에서 영농하시는 하나님의 씨 뿌리는 우주 경영 법칙을 바라보고 맡겨진 사명을 다하기를 원하고 있다. 성경은 기독교 언론들이 창조신학의 세계관을 가지고 세상을 변화시켜 구원하는 선봉에 서 있는 교회 지도자들을 바르게 도와줄 것을 바라고 있다.

지혜로운 언론은 하나님을 알고 싶어 하는 뭇 사람들에게 진리의 복음을 바르게 전달해야 한다. 심오하고 넓고 깊은 성경 말씀 안에 담겨진 생명의 비밀과 하나님의 예정하신 섭리와 인간 역사 안에서 진행되고 있는 인간들의 죄와 의와 심판에 대해서 알기 쉽게 정보를 전달하고 하나님의 섭리에 따른 경종을 울리고 교훈하며 책망하는 사명을 감당해야 한다. 그리고 기독교 언론들은 어떤 불이익이나 고난이 닥친다 해도 하나님의 진리의 말씀 안에서 하나님이 원하시는 경계의 나팔을 크게 울려주어야 한다.

사랑의 실천자 기독교 언론은 사랑을 장식품 삼아 매스컴을 타려는 영웅심이 강한 지도자들의 추종자가 되어서는 안 된다. 금권의 위력과 유혹과 기득권의 회유와 불매 운동 등의 압박을 이겨내야 한다. 종교 귀족들의 대변인의 자리를 박차고 나와야 한다. 그리스도의 십자가 군병으로서 하나님을 알고 싶어 하는 갈급한 영혼들과 그리스도를 거부하는 온 땅의 사람들까지 읽고 보고 배우고 도움을 주는 그리스도의 복음을 전달하는 순교자가 되어야 한다.

> 사람은 입의 열매로 말미암아 복록에 족하며 그 손이 행하는 대로 자기가 받느니라 미련한 자는 자기 행위를 바른 줄로 여기나 지혜로운 자는 권고를 듣느니라 미련한 자는 당장 분노를 나타내거니와 슬기로운 자는 수욕을 참느니라 진

리를 말하는 자는 의를 나타내어도 거짓 증인은 속이는 말을 하느니라 칼로 찌름 같이 함부로 말하는 자가 있거니와 지혜로운 자의 혀는 양약과 같으니라 진실한 입술은 영원히 보존되거니와 거짓 혀는 잠시 동안만 있을 뿐이니라(잠 12:14~19).

행함이 없는 믿음은 죽은 것이다. 말과 혀로 사랑을 표현하며 세속의 물결에 놀아나고 안주하려는 나약한 모습에서 벗어나야 한다. 악과 불의와 싸워야 하는 영적 전쟁의 선봉에 서서 빛과 소금의 본을 보이며 정의를 실천해야 한다.

세상의 언론 매체들은 기독교의 내부 갈등이나 실수, 일부 목회자들의 윤리적 부패를 들추어내 폄하하는 악의적인 보도를 끈질기게 쏟아내고 반기독교 정서 확산에 열을 올리고 있다. 기독교 언론은 이러한 현실을 직시해야 한다. 교회가 진리에서 벗어나 세상으로부터 비난과 핍박을 받고 있는데도 무관심한 태도로 굳게 입을 다물거나 소극적으로 대응하고 있는 기독교 언론에 대해 세상에서도 의문시하며 실망하고 있다는 것을 뼈아프게 깨닫고 회개해야 한다.

지금 기독교 언론은 과감하게 뛰어들어 그리스도의 교회가 세상 역사의 중심이라는 것을 세상에 알려주는 데 최선을 다해야 할 때이다. 교회 지도자와 성도뿐만 아니라 온 누리의 사회 각층의 지도자들에게 지식의 근본이 되시는 창조주 하나님과 예수 그리스도의 구원의 섭리와 지혜를 공유하도록 말씀의 정보 전달과 함께 역사의 방향을 제시하고 선도해야 할 막중한 책임이 주어져 있기 때문이다.

07

지도자의 목적이 비전이 되고 있는 엇박자 현실

내 백성을 유혹하는 선지자는 이에 물 것이 있으면 평강을 외치나 그 입에 무엇을 채워 주지 아니하는 자에게는 전쟁을 준비하는도다 이런 선지자에 대하여 여호와께서 이르시대 그러므로 너희가 밤을 만나리니 이상을 보지 못할 것이요 어둠을 만나리니 점치지 못하리라 하셨나니 이 선지자 위에는 해가 져서 낮이 캄캄할 것이라 선견자가 부끄러워하며. 술객이 수치를 당하여 다 입술을 가릴 것은 하나님이 응답하지 아니하심이거니와 오직 나는 여호와의 영으로 말미암아 능력과 정의와 용기로 충만해져서 야곱의 허물과 이스라엘의 죄를 그들에게 보이리라(미 3:5~8).

교회는 정치적으로 사회와 분리되고 있지만 삶의 모습은 사회의 일부분이며 또 목회도 사회적인 체제로 경영되고 있다. 개척교회 때는 목회자가 독단적으로 경영할 수 있지만 집사 직분을 맡은 성도가 열 명만 넘어도 제직회를 구성하고 또 100명의 성도가 모이면 장로를 세워 당회를 조직해야 한다. 목회자는 교회의 대표로서 말씀 선포와 임직과 인사권을 행사하는 목회 사역에 치중하고 재정 문제와 교회 관리는 제직들에게 맡기는 것이 바람직하기 때문이다. 하지만 많은 목회자들이 교회가 성장했는데도 개척교회 때의 정신을 버리지 못하고 목회 전반에 걸쳐 독재적인 경영 체제를 유지하며 간섭하고 있다. 마찬가지로 성도들도 목회자가 개척 정신의 그늘에서 벗어나지 못하는 것을 관례로 받아들이고 인정하고 있는 실정이다.

영적 싸움이 치열해지고 있는 현실에 무감각한 교회 지도자는 세상을 변화시켜야 할 책임보다 바벨탑을 부러워하거나 재물의 유혹을 이기지 못하며 영적 갈림길에서 방황하는 경우가 많다. 끝 모르는 과학의 눈부신 발전과 더 좋은 것을 향하여 치닫고 있는 산업의 발달, 그리고 각박해지는 경쟁 사회 안에서 온갖 세속적인 문화에 예속할 수밖에 없다고 체념하며 넋두리를 늘어놓기도 한다. 이들은 다양한 문화 시설을 갖춘 대형 교회를 건축하고 성도들이 즐거워하는 예배를 드리며 교인들의 결속을 위한 문화 활동 제공에 노력을 한다. 사랑이 메말라가는 얄팍하고 복잡한 세파에 시달리고 있는 교인들에게 영혼의 평안을 주겠다는 신유의 목회를 하며 그리스도의 십자가를 신앙의 장식품으로 여기기도 한다.

믿음을 위해 십자가를 붙잡고 하나님의 영광을 위해 사는 순교 정신마저 외면하고 목회를 생존 경쟁이 극심한 세상 문화와 혼동시키는 것을 당연하게 여기기도 한다.

> 주 여호와의 말씀이니라 보라 날이 이를지라 내가 기근을 땅에 보내리니 양식이 없어 주림이 아니며 물이 없어 갈함이 아니요 여호와의 말씀을 듣지 못한 기갈이라 사람이 이 바다에서 저 바다까지, 북쪽에서 동쪽까지 비틀거리며 여호와의 말씀을 구하려고 돌아다녀도 얻지 못하리니 그 날에 아름다운 처녀와 젊은 남자가 다 갈하여 쓰러지리라(암 8:11~13).

요즘은 찾아갈 만한 교회가 없다는 말이 여기저기서 자주 들리고 있다. 또 교회 생활이 무미건조하다는 성도들의 체념의 넋두리가 마음을 아프게 한다. 십자가가 즐비하게 세워지고 설교 말씀이 홍수를 이루고 있음에도 성도들이 영적 갈증을 느끼고 방황하고 있는 것은 어찌된 것일까? 불신자를 전도해도 자신 있게 데리고 갈 만한 교회가 없거나 교회 생활에서 은혜를 받지 못하고 시험이 들어 떠난다는 등 번민하는 성도가 적지 않다.

목회에 성공했다며 문화센터를 겸한 대형 교회를 세워 많은 성도들을 모으는 일부 교회 지도자는 자신의 업적에 자부심을 느끼고 자신의 목회 철학을 신학 이론으로 만들려고 한다. 이들은 하나님으로부터 교회 목회와 신학에 대해 탁월한 능력을 받은 것으로 착각하고 세상에 큰 영향력을 행사하려고 한다. 하나님의 뜻이라는 명분으로 독선적이며 권위가 있는 목회를 하면서 세상 경영의 성과급과 같은 온갖 명분의 사례비를 받아 재산가가 되고 낮은 자리의 성도들이 우러러보는 높은 자리에서 종교 귀족으로 대접받기를 즐기고 있다.

08

제 갈 길을 찾기에 바쁜 교회 지도자들

이는 그들이 가장 작은 자로부터 큰 자까지 다 탐욕을 부리며 선지자로부터 제사장까지 다 거짓을 행함이라 그들이 내 백성의 상처를 가볍게 여기면서 말하기를 평강하다 평강하다 하나 평강이 없도다 그들이 가증한 일을 행할 때에 부끄러워하였느냐 아니라 조금도 부끄러워하지 않을 뿐 아니라 얼굴도 붉어지지 않았느니라 그러므로 그들이 엎드러지는 자와 함께 엎드러질 것이라 내가 그들을 벌하리니 그 때에 그들이 거꾸러지리라 여호와의 말씀이니라(렘 6:13~15).

제 입맛대로 드리는 예배

"교회 지도자가 십자가의 길을 버렸다" 하는 우려의 소리가 들리면서 참회의 기도를 하자는 소리가 곳곳에서 높아지고 있다. 성경은 눈동자같이 살피시는 하나님의 이름을 멸시하는 제사장과 선지자들이 사악해져서 제 입맛대로 예배를 드리고 제멋대로 목회를 하고 있는 것을 발견했노라(렘 23:11)고 경고를 하고 있다.

하나님을 경배하고 이웃을 사랑하는 믿음 생활을 지도하는 교회 지도자의 영적 역량과 육적 역할은 지대하다. 그들의 사명감에 따라 교회가 하나님이 기뻐하시는 뜻을 이루어드리느냐 아니면 야단 맞을 일을 하느냐 하는 열매로 나타난다. 그 결과는 성도들의 신앙심에 큰 영향을 미치고 바르게 성숙하거나 비뚤어지거나 잠자는 상태로 인도할 것이다.

거룩하신 하나님의 집, 교회가 말씀과 진리에서 벗어나고 윤리적 타락에 휩쓸려 세속화한다는 말은 교회 지도자인 제사장과 선지자들이 바른 길로 나아가지 못하고 있다는 것을 뜻한다. 이는 교회 지도자들이 하나님의 위엄을 내세우면서도 교회를 세상의 기업체들처럼 경영하며 외형적 성장을 추구하고 물량주의 욕심과 정치적 야망으로 독선적 목회를 하기 때문이라고 한다. 교회를 내 능력으로 개척하고 부흥시켰다는 만족을 얻기 위해 목회를 자기 마음대로 할 수 있다는 세속의 덫에 걸려 신음하는 현상이기도 하다.

거룩하신 하나님의 안식일에 드리는 일부 교회의 주일 낮 예배를 보면 신앙고백(사도신경)을 하지 않는 교회가 종종 있다. 일생에 한 번만 입으로 믿음을 고백하면 되는데 모든 예배와 모임 때마다 반복해서 형식적으로 외울 필요가 없다는 것이다.

그리고 성시 교독을 예배에서 빼버리는 교회도 많다. 의식적인 행사로 입에 발린 성시 문답을 번거롭게 할 필요가 없다고 주장한다. 그리고 바쁜 세상을 살아가는 교인들이 예배를 재미있고 간소하게 드리게 하기 위해서라고 말한다.

또 최근 대다수의 교회들은 복음성가를 부르기 좋아한다. 성도들이 공인된 찬송가보다 듣고 부르기 좋고 기복적인 경쾌한 노래를 좋아하기 때문이라고 한다. 주일 예배 때 경건하고 무게 있는 찬송가는 적게 부르고 가볍고 신명이 나는 복음성가를 많이 사용하며 여러 곡을 메들리로 부르고 율동으로 흥미를 돋우고 박수를 치며 화답하게 하고 있다.

예배에서 헌금을 먼저 드리는 교회도 많다. 구약 때 하나님께 속죄하는 짐승의 피를 예물로 먼저 드렸고 또 야곱이 아버지 이삭에게 먼저 맛있는 음식을 장만해 대접하고 축복 기도를 받은 것처럼 하나님께 정성이 담긴 헌금을 먼저 드리고 나서 설교 말씀을 듣는 예배가 마땅하다고 말한다. 감사의 헌금이 제사보다 우선한다고 보고 있는 것이다.

교회 안내와 광고를 설교보다 먼저 한다. 말씀을 붙잡고 살아가야 할 성도들이 설교 다음에 교회 안내와 광고와 임직 등 행사를 하면 먼저 들은 말씀을 잊기 쉽기 때문에 예배 마지막에 설교를 들려주고 세상에 내보는 것이라고 한다.

설교가 예배의 중심이 되고 예배가 설교를 듣기 위한 자리가 되었다.

일부 목회자들은 "내 설교가 하나님의 말씀이다. 설교를 주는 대로 아멘하며 받아먹으라"고 말한다. 하나님께 영광을 드리는 예배 의식이 목회자의 설교를 듣는 행사로 변하고 말았다. 흔히 교회를 선택할 때 목회자의 설교가 은혜롭고 좋은 곳을 선택한다. 설교를 듣기 위해 예배에 참석하고 설교를 듣는 것이 하나님께 예배를 드리는 것이라고 오해하는 사람도 있다.

설교가 설교자의 입맛대로 다듬어져 나돌고 있다. 듣기 좋고 알기 쉬운 설교를 위해 성경 말씀과 거리가 먼 가벼운 예화를 많이 삽입하고 있다. 목회자의 체험과 얄팍한 지식을 나열하고 사회 상식이나 이치에 맞지 않는 설교가 난무하고 있다. 심지어 약간 기복적이고 이단적인 요소가 가미되어야 성도들이 좋아하고 많이 모인다고 말하는 사람도 있다. 몇몇 목회자는 설교를 목회자의 뜻에 순종하고 봉사와 헌금을 강요하는 도구로 사용하고 있다. 목회 성공의 지름길은 설교를 잘하는 것이라고 생각한다. 말재주가 있고 연설가의 재능이 있는 목회자 주변에 교인 청중이 많이 모이고 교회가 성장을 하고 있다고 한다. 설교를 죽을 각오로 준비해야 한다고 내세운 설교 훈련 집회가 난무하고 있다. 하나님께 예배를 드리는 목적이 기복적인 설교를 듣는 것으로 착각하게 하는 삯꾼 목사가 늘어나고 있는 것이다.

하나님께 드리는 예배 순서가 제멋대로다. 성경은 살아 있는 제사를 드리라고 권고하면서도 구체적인 방법을 제시하지 않고 또 목회에 대해 사랑의 계명으로 하라고 종용할 뿐 구체적으로 자세히 모범을 제시하지 않고 있다. 교회들은 성령의 감화를 받은 교회 지도자와 신학자들이 오랜 시간을 두고 성경 말씀의 표준에 근거해 연구하고 지혜를 모아 제시한 모범적인 전통에 따라 예배 의식과 목회의 지침을 만들어 지키고 있다.

하지만 요즘 교회의 예배 안내 주보를 보면 목회자의 뜻에 따라 예배 순서와 내용이 제멋대로라는 것을 발견할 수 있다. 각 교파와 교단에서 제정한 헌법에 따라 예배와 목회의 모범을 삼고 있지만 일부 목회자들은 자기 취향대로 고치고 다듬어 사용하는 악순환을 거듭하고 있는 것이다.

제멋대로 하는 목회

교회 목회도 경영이다. 지도자의 경영 능력에 전적으로 의지하는 독재적인 체제가 되고 있다. 신학 공부는 했으나 목회 능력이 부족한 지도자가 많다. 탁월한 지도력으로 교회를 크게 성장시킨 목회자가 있는가 하면 목회 경영 능력이 부족해서 고생을 하는 사람이 있다. 세상 경영은 나날이 발전하고 있지만 고집스럽게 구습에 매여 허덕이면서 세속적 목회의 틀 안에서 자칫 성도를 헌금 봉사하는 피지배자로 전락시키기도 한다.

목회가 교회 지도자의 생각과 뜻에 의존하고 있다. 교회는 의회 민주

주의 제도와 비슷하게 당회와 제직회를 조직하여 목회를 지원하게 하고 있다. 하지만 제직회의 태반이 목회자의 의지와 결심을 확인하는 기관으로 전락하고 있다. 순종을 미덕으로 삼는 교회에서 성도들이 인사와 의결권을 가진 목회자의 뜻이나 독선을 거역할 수 없기 때문이다. 말씀과 신학 지식이 부족하고 신앙생활을 사회생활의 일부분으로 여기고 있는 성도는 재정 문제나 목회에 깊숙이 간여하기가 어렵다.

경제를 무시할 수 없는 목회는 헌금에 큰 영향을 받고 있다. 하나님께 예배드리고 영혼을 구원하는 목회가 경제 논리에 좌우되고 성공한 목회 여부는 헌금 액수에 큰 영향을 받고 있다. 헌금을 많이 하는 성도는 발언권이 강하고 장로 권사 등 직분을 받으려면 헌금과 봉사를 많이 해야 한다는 말도 있다.

문화센터가 된 교회 식당에서 밥과 차를 팔고 있다. 교회가 하나님께 경건한 예배를 드리는 성전보다 사람들을 위한 문화 시설로 변하면서 일부 대형 교회에서는 교회 식당에서 돈을 받고 식권을 발급하고 있다. 초대교회에서 성도들이 떡을 나누어 먹으며 교제하던 모습이 사라졌다. 예배 실황을 중계하는 음향기기 앞에서 사람들은 커피와 차를 마시고 간식을 먹으며 즐겁게 예배를 드리는 모습이 자연스러워지고 있다.

목회의 목적이 교회 성장에 맞추어져 있다. 수많은 목회자가 전도를 많이 하여 교회를 성장시키려는 목적에 매달려 있다. 겉으로는 그리스도의 복음으로 하나님 나라를 확장하는 것이라고 내세우고 있지만 그 열매는 자신이 독차지하려고 하는 것이다. 성도를 교회 성장을 위한 동역자라고 말하면서도 언제든지 떠날 수 있는 손님으로 생각하고 대우한다.

나더러 주여 주여 하는 자마다 다 천국에 들어갈 것이 아니요 다만 하늘에 계신 내 아버지의 뜻대로 행하는 자라야 들어가리라 그 날에 많은 사람이 나더러 이르되 주여 주여 우리가 주의 이름으로 선지자 노릇 하며 주의 이름으로 귀신을 쫓아 내며 주의 이름으로 많은 권능을 행하지 아니하였나이까 하리니 그 때에 내가 그들에게 밝히 말하되 내가 너희를 도무지 알지 못하니 불법을 행하는 자들아 내게서 떠나가라 하리라(마 7:21~23).

성직자가 십자가의 도를 외면하면서 참회하고 뉘우친다는 말은 영적 비극이다. "목회자도 불완전한 사람이니까 어쩔 수 없다"고 변명하며 잘못을 정당화시킬 수 없다. 또 "하나님도 이해하실 거야" 하며 주어진 사명을 회피하고 책임을 벗어나려고 하는 것은 비겁한 행위다. 지도자의 잘못은 그를 따르는 많은 영혼들에게 지대한 영향을 끼치고 실족시키는 일로 연결되기 때문이다.

"잘못이 있는 교회 지도자를 비판하지 말라 하나님이 알아서 징벌하실 것이다"라고 말하는 사람이 있다. 하지만 성직자는 항상 하나님의 온전함에 이르려는 신앙의 노력을 모범으로 보여야 한다. 예수 그리스도께서는 삯군 목사와 탐욕적인 목회자들이 생겨날 것을 아시고 십자가를 지고 나를 따르라고 말씀하셨다.

교회 지도자들은 교회 개혁의 필요를 열망하는 소리에 귀를 기울이고 스스로 말씀 안에서 하나님의 온전하신 뜻에 순종하고 참예하는 모범을 보여야 한다.

09

영웅심에 눈이 어두워진 삯꾼 지도자

너희 중에 있는 하나님의 양 무리를 치되 억지로 하지 말고 하나님의 뜻을 따라 자원함으로 하며 더러운 이득을 위하여 하지 말고 기꺼이 하며 맡은 자들에게 주장하는 자세를 하지 말고 양 무리의 본이 되라 그리하면 목자장이 나타나실 때에 시들지 아니하는 영광의 관을 얻으리라(벧전 5:2~4).

삯꾼 지도자의 교회

소경이 소경을 인도하는 것처럼 어떤 지도자는 교회를 악한 마귀의 노리갯감으로 만들고 성도들을 자기의 목회 달성을 위한 도구로 삼고 부려먹는다. 그들은 영적 착각 속에서 자기도취에 빠져 있는 삯꾼 목사들이다.

교회의 지도력은 십자가를 지신 그리스도의 리더십에서 나와야 하고 사랑의 열매를 맺는 성령의 능력으로 나타나야 한다. 진심으로 낮은 데서 섬기는 자가 되고 사랑의 계명을 실천하는 지도자가 되어야 한다. 이는 우리들의 지도자는 오직 예수 그리스도 한 분뿐이며 예수 그리스도를 본받아야 하기 때문이다.

교회에 침투한 영웅주의자들은 자기 이름을 널리 빛내 돋보이게 하려고 언론에 사진과 이름을 크게 선전하고 기복적 설교로 쇼와 같은 집회를 열며 과시하려고 노력한다. 이들은 교회 안에 자기 권력의 아성을 쌓고 충실한 추종자를 거느리고 부귀를 보장받고 있다. 설교는 정치적 명령이 되고 헌금은 목회를 위한 금고로 삼고 있다.

목자의 자부심이 강한 교회 지도자는 성도들을 순한 양처럼 대하려고 한다. 순한 양은 좋은 풀이나 나쁜 풀이나 목자가 주는 대로 받아먹고 또 지도자의 잘잘못을 따지지 않는다. 그 반면에 늑대의 마음을 품은 목자는 성도들을 '보호하고 생명으로 인도하라고 맡겨진 영적인 양이 아니라 내 유익과 만족을 위한 먹을거리가 되는 동물'인 양으로 보고 기르고 있다.

어떤 목사는 "양은 목자를 따르는 것이 마땅함으로 양들이 목자를 물심양면으로 편안하게 해주며 잘 받들어야 축복을 받을 수 있다"고 주장한다. 미숙한 지식으로 그리스도를 앞세우며 어리석은 양들을 세속의 기복에 매여 있게 하며 자기 유익에 눈이 어두운 삯군 목사는 결국 윤리적인 부패로 드러나기 마련이다.

> 여러분은 자기를 위하여 또는 온 양 떼를 위하여 삼가라 성령이 그들 가운데 여러분을 감독자로 삼고 하나님이 자기 피로 사신 교회를 보살피게 하셨느니라 내가 떠난 후에 사나운 이리가 여러분에게 들어와서 그 양 떼를 아끼지 아니하며 또한 여러분 중에서도 제자들을 끌어 자기를 따르게 하려고 어그러진 말을 하는 사람들이 일어날 줄을 내가 아노라 그러므로 여러분이 일깨어 내가 삼 년이나 밤낮 쉬지 않고 눈물로 각 사람을 훈계하던 것을 기억하라(행 20:28~31).

교회를 버티고 있는 영성과 도덕성의 두 기둥 중에 하나가 뽑혔다는 우려의 소리가 들리고 있다. 믿음 생활의 반석이 되는 영성만 강조하는 지도자들이 윤리적 도덕성을 소홀히 하다가 혹독한 대가를 치루고 있다는 것이다. 오늘날 한국 교회는 산업과 과학의 발달과 문화생활의 향상에 힘입고 성장의 자랑스러운 노래를 부르다가 자만의 덫에 발목이 잡혀 다시 부흥하고자 몸부림을 치고 있는 실정이다. 이런 안타까운 상황적인 요소들은 성경적 리더십에서 벗어난 삯꾼 목사들의 영적 안일함과 신학의 부진과 교인들의 묵시적인 방관으로 나타나는 현상이다.

> 너희는 이 세대를 본받지 말고 오직 마음을 새롭게 함으로 변화를 받아 하나님의 선하시고 기뻐하시고 온전하신 뜻이 무엇인지 분별하도록 하라(롬 12:2).

하나님은 악을 선하다 하며 선을 악하다 하고, 흑암으로 광명을 삼으며 광명으로 흑암을 삼고, 쓴 것으로 단 것을 삼으며 단 것으로 쓴 것을 삼는 지도자를 저주하신다. 스스로 지혜롭다 하며 명철하다 하고 세속의 포도주를 마시기에 용감하며, 음란한 독주에 취하기를 즐기는 지도자와 돈에 관심이 많고 악인을 의롭다 하고 의인을 핍박하는 지도자는 화를 면할 수 없다. 하나님의 말씀을 버리고 무시하는 지도자는 불꽃이 그루터기를 삼키는 것 같이, 마른 풀이 불 속에 떨어짐같이 그들의 뿌리가 썩겠고 꽃이 티끌처럼 날리신다고 경고하셨다(사 5:20~24).

어떤 교회 목사는 설교 때 나도 인간임으로 잘못을 저지를 때가 많다. 이해하고 용서하라고 하소연을 했다. 이어서 구약의 다윗을 예로 들며, 밧세바를 범하고 그의 남편 우리아를 죽이는 살인 행위를 저지르는 등 비난받을 일을 자행했지만 회개하고 용서받은 사실이 있다면서 앞으로 더 훌륭한 목회자가 되겠다고 다짐을 했다. 어떤 큰 교회를 맡았던 목회자는 온 가족이 큰 부자가 되었으나 교회 기득권을 버리지 못한 채 세상의 재판을 받으면서도 명예를 유지하려고 발버둥을 치고 있다.

성직자는 영적 잠을 자거나 더러워진 옷을 덧입고서는 지도자라고 나설 수 없다. 회개로 용서받고 해결할 수 있는 문제가 아니다. 그것은 예수 그리스도를 다시 십자가에 못 박는 슬픈 일이기 때문이다.

파수꾼의 나팔 소리

> 예루살렘이여 내가 너의 성벽 위에 파수꾼을 세우고 그들로 하여금 주야로 계속 잠잠하지 않게 하였느니라 너희 여호와로 기억하시게 하는 자들아 너희는 쉬지 말며 또 여호와께서 예루살렘을 세워 세상에서 찬송을 받게 하시기까지 그로 쉬지 못하시게 하라(사 62:6~7).

빛을 잃은 암흑의 세상에서 지도자는 모두 악한 것을 경계하고 선을 향한 나팔을 부는 하나님의 파수꾼이다. 그 나팔 소리는 말씀 안에서 진리와 생명의 복음을 분명하게 전달하고 그 사랑의 효력을 세상에 나타내 보여야 한다. 지도자는 바로 나팔 소리의 길라잡이가 되어 세상 사람들을 거룩하고 선하고 착하게 변화시켜야 한다. 하지만 요즘은 지도자의 나팔 소리가 작게 들리거나 사라져 들리지 않는다고 한다.

파수꾼의 나팔 소리에는 영의 사명과 육의 목적이 있다.

첫째 파수꾼의 나팔은 하나님의 사랑을 상실하고 어두운 죽음의 땅에서 우주 고아가 되어 방황하는 사람들을 생명의 밝은 참빛으로 안내하는 복음의 나팔 소리다. 둘째, 파수꾼의 나팔은 이 세상을 살아가는 사람들을 바르게 인도하는 지도자들이 그 방향을 제시하고 안내하는

나팔 소리다. 이 두 나팔 소리들은 생명으로의 인도와 죄악의 경고, 견제
와 회개, 진리와 자유의 뜻을 품고 있다.

교회와 세상의 지도자들은 모든 사람들이 다 선하고 평안하게 잘 살게
하겠다는 공통의 목적을 갖고 있다. 하지만 그 궁극적 목적은 선과 악
만큼이나 거리가 멀고 결과도 생과 사로 갈라지게 한다.

성실한 진리의 파수꾼은 하나님의 씨 뿌리는 우주 경영 법칙에 따라
불신의 더러운 늪에서 방황하는 세상에 믿음과 소망, 사랑의 나팔 소리
를 크고 높게 들려주어야 한다. 그 나팔 소리는 하나님의 말씀과 그리
스도의 복음으로 사랑과 은혜를 깨닫게 한다. 또 성장의 늪에 빠져 침체
의 악순환에 시달리면서 안일한 꿈에 취하고 있는 교회가 어서 깨어나라
는 책망과 훈계와 교훈이 담겨져 있다.

10
방향을 잃은 삯꾼 지도자에게
보내는 경고

양의 문에 감춰진 비밀은 지도자들에 대한 의무와 책임을 깨닫게 한다.

이 세상을 사랑하시는 하나님의 진실한 영농 섭리에 따라 하나님께서 인간 지도자들을 그리스도께서 역사하시는 세계의 목회 현장을 맡겨 주셨기 때문이다. 그러나 하나님의 품을 떠나 악한 세력의 지배를 받고 있는 이 세상 지도자들은 영과 육의 갈림길에서 방황을 하고 있다.

흔히 교회와 세상 지도자는 양분되어 있는 것처럼 보인다. 하지만 성경은 역사의 진리가 그리스도의 교회를 통해 엮이고, 교회 지도자가 역사의 주역이며 세상의 지도자는 갓길로 나온 역사를 이끌어간다고 암시하고 있다. 성경은 이런 비밀에 대해 세상은 하나님의 나라의 모형이라고 설명하고 온전한 천국과 죄로 얼룩진 세상으로 갈라져 역사를 엮어나가고 있지만 그 결국은 그리스도 안에서 하나로 통일될 것이라고 밝히고 있다.

그래서 성경은 교회 지도자를 모델로 삼아 모든 세상 지도자들의 발자취를 들춰내며 충고와 교훈을 하고 있다. 그리고 교회 지도자를 정치적인 서기관으로 신학자와 종교가들을 바리새인으로 부르며 모든 세상 지도자를 비유로 말하고 있다.

세상의 지도자들은 하나님의 뜻과 역사의 진리를 모르고 자기 마음이 내키는 대로 지도력을 발휘하다가 비극으로 최후를 맞이하는 역사의 흔적이 되고 있는 것이다.

> 서기관들과 바리새인들이 모세의 자리에 앉았으니 그러므로 무엇이든지 그들이 말하는 바는 행하고 지키되 그들이 하는 행위는 본받지 말라 그들은 말만 하고 행하지 아니하며 또 무거운 짐을 묶어 사람의 어깨에 지우되 자기는 이것을 한 손가락으로도 움직이려 하지 아니하며 그들의 모든 행위를 사람에게 보이고자 하나니 곧 그 경문 띠를 넓게 하며 옷술을 길게 하고 잔치의 윗자리와 회당의 높은 자리와 시장에서 문안 받는 것과 사람에게 랍비라 칭함을 받는 것을 좋아하느니라(마 23:2~7).

법을 연구하고 행정을 집행하는 관리인 서기관과 하나님의 율법을 가르치는 선생이자 지도자인 바리새인들은 최고의 지위와 존경을 받는 사람들이다. 하지만 그들은 형식주의적이며 언행이 일치하지 않는 지도자로서 말은 멋있게 잘하지만 모범을 보이지 않는 사람들이었다. 신분이 낮은 민초들의 무거운 짐을 해결하여 경감시키는 일에는 소홀하면서 자기 유익을 탐하고 명예 얻기를 즐기는 지도자들이다. 진리와 사랑과 선을 앞세우지만 자기의 영광된 목표를 위해 추종하는 사람들을 모으는 정치꾼과 같았다.

교회도 현실의 정치적인 틀 안에서 존재한다. 하지만 세속의 상징인 가이사의 것을 좇는 것을 금하고 있다. 그러나 정치의 매력에 눈독을 들이는 일부 교회 지도자는 목회를 정치하는 것처럼 경영하고 있다.

> 화 있을진저 외식하는 서기관들과 바리새인들이여 너희는 천국 문을 사람들 앞에서 닫고 너희도 들어가지 않고 들어가려 하는 자도 들어가지 못하게 하는도다 (없음) 화 있을진저 외식하는 서기관들과 바리새인들이여 너희는 교인 한 사람을 얻기 위하여 바다와 육지를 두루 다니다가 생기면 너희보다 배나 더 지옥 자식이 되게 하는도(마 23:13~15).

거짓의 탈을 쓴 지도자는 사람들을 옳은 길로 인도하는 것처럼 외치고 있지만 그의 행동은 자기의 욕망을 채우는 늑대와 같은 행동을 한다. 하지만 어리석은 인간들은 그 속내를 잘 알 수 없어서 어떤 결과나 종말에 가서 실상을 깨닫고 놀라지만 그때는 어찌할 수 없는 지경에 놓이고 만다. 그리스도의 복음 전도가 사람의 장막에 가려 어려움을 받는 경우가 많다. 지도자들의 총체적 잘못으로 교회가 침체 위기에 놓인다는 지적이 있다.

독재자들은 감언이설로 진리를 벗어난 일에 군중들을 결집시키고 아성을 쌓기를 즐긴다. 사람들을 이 세상의 기복신앙을 부추기는 설교의 틀에 묶어두고 천국으로 향하는 발걸음을 멈추게 하는 교회 지도자도 있다.

화 있을진저 외식하는 서기관들과 바리새인들이여 잔과 대접의 겉은 깨끗이 하
되 그 안에는 탐욕과 방탕으로 가득하게 하는도다 눈 먼 바리새인이여 너는 먼
저 안을 깨끗이 하라 그리하면 겉도 깨끗하리라 화 있을진저 외식하는 서기관들
과 바리새인들이여 회칠한 무덤 같으니 겉으로는 아름답게 보이나 그 안에는 죽
은 사람의 뼈와 모든 더러운 것이 가득하도다 이와 같이 너희도 겉으로는 사람
에게 옳게 보이되 안으로는 외식과 불법이 가득하도다(마 23:25~28).

교회 지도자의 복음 전도의 열정은 교회 성장에 반영된다. 하지만 지도
자의 겉으로 보이는 목회와 설교가 그의 진실한 인격을 대변하지 않는
경우가 많다. 지도자의 공식 생활과 사생활이 엇갈리거나 앞뒤가 맞지
않는 지도력으로 위선자로 보이는 지도자가 적지 않다. 윤리·도덕적으
로 자유롭지 못한 지도자는 사람들에게는 회개하자고 외치면서도 자기
잘못은 슬그머니 감춰두고 회개하지 않는 경우가 비일비재하다. 재력이
넘쳐나고 있는 유명한 교회 지도자들의 권력에 대한 애착은 눈살을 찌
푸리게 하고 있다.

화 있을진저 눈 먼 인도자여 너희가 말하되 누구든지 성전으로 맹세하면 아무
일 없거니와 성전의 금으로 맹세하면 지킬지라 하는도다 어리석은 맹인들이여 어
느 것이 크냐 그 금이냐 그 금을 거룩하게 하는 성전이냐 너희가 또 이르되 누구
든지 제단으로 맹세하면 아무 일 없거니와 그 위에 있는 예물로 맹세하면 지킬지
라 하는도다 (마 23:16~18).

의로운 지도자는 언행이 일치하고 그 열매도 거룩해야 한다. 목회를 직
업으로 삼기보다 사명으로 여기고 충성해야 한다. 교회 성장을 위한 교

세 확장이나 헌금에 눈독을 들이지 아니해야 한다. 개척 교회 때의 경제적 어려움에 혼이 난 습성을 버리지 못하면 바른 목회를 하는 지도자가 될 수 없기 때문이다.

> 그리하여도 이들은 포도주로 말미암아 옆 걸음 치며 독주로 말미암아 비틀거리며 제사장과 선지자도 독주로 말미암아 옆 걸음 치며 포도주에 빠지며 독주로 말미암아 비틀거리며 환상을 잘못 풀며 재판할 때에 실수하나니 모든 상에는 토한 것, 더러운 것이 가득하고 깨끗한 곳이 없도다 그들이 이르기를 그가 누구에게 지식을 가르치며 누구에게 도를 전하여 깨닫게 하려는가 젖 떨어져 품을 떠난 자들에게 하려는가(사 28:7~9).

진실하지 못한 지도자는 자기 체면에 걸린 술주정뱅이와 같다. 정치적 야망이 큰 지도자는 자기의 생각과 꿈을 정의라고 내세우며 조직을 그 입맛에 맞도록 이끌어간다. 아집과 독선의 덫에 걸린 추종자들을 지배하며 함께 멸망을 향하여 걸어가지만 책임을 지지 아니한다.

> 이는 그들이 가장 작은 자로부터 큰 자까지 다 탐욕을 부리며 선지자로부터 제사장까지 다 거짓을 행함이라 그들이 내 백성의 상처를 가볍게 여기면서 말하기를 평강하다 평강하다 하나 평강이 없도다 그들이 가증한 일을 행할 때에 부끄러워하였느냐 아니라 조금도 부끄러워 하지 않을 뿐 아니라 얼굴도 붉어지지 않았느니라 그러므로 그들이 엎드러지는 자와 함께 엎드러질 것이라 내가 그들을 벌하리니 그 때에 그들이 거꾸러지리라 여호와의 말씀이니라(렘 6:13~15).

이 세상의 태반의 지도자들은 자신이 여러모로 부족한 인간이라는 것을

깨닫고 있다. 하지만 어수선하고 불안한 세상을 좋은 세상으로 변화시
키려는 의지를 가진 위선자 노릇을 자청하다 변덕스러운 사람으로 변
하기 쉽다. 교회가 세속적 삶에 몸살을 앓으면서 초대교회로 돌아가자
고 몸부림치는 현상이나 세상의 정치권이 악순환을 되풀이하고 있는 것
도 지도자에 의하여 일어나는 병폐다.

> 그 가운데에서 선지자들의 반역함이 우는 사자가 음식물을 움킴 같았도다 그들
> 이 사람의 영혼을 삼켰으며 재산과 보물을 탈취하며 과부를 그 가운데에 많게
> 하였으며 그 제사장들은 내 율법을 범하였으며 나의 성물을 더럽혔으며 거룩함
> 과 속된 것을 구별하지 아니하였으며 부정함과 정한 것을 사람이 구별하게 하지
> 아니하였으며 그의 눈을 가리어 나의 안식일을 보지 아니하였으므로 내가 그들
> 가운데에서 더럽힘을 받았느니라 그 가운데에 그 고관들은 음식물을 삼키는 이
> 리 같아서 불의한 이익을 얻으려고 피를 흘려 영혼을 멸하거늘 그 선지자들이 그
> 들을 위하여 회를 칠하고 스스로 허탄한 이상을 보며 거짓 복술을 행하며 여호
> 와가 말하지 아니하였어도 주 여호와께서 이같이 말씀하셨느니라 하였으며(겔
> 22:25~28).

모든 지도자는 따르는 사람들이 믿고 따를 수 있는 비전을 제시하고 그
꿈을 추종자들과 공유하며 달성하려고 한다. 하지만 그 속마음은 자기
만족이라는 흉계가 도사리고 있는 경우가 많다.

성경은 "그들의 열매로 그들을 알지니 가시나무에서 포도를, 또는 엉
겅퀴에서 무화과를 따겠느냐 이와 같이 좋은 나무마다 아름다운 열매
를 맺고 못된 나무가 나쁜 열매를 맺나니 좋은 나무가 나쁜 열매를 맺
을 수 없고 못된 나무가 아름다운 열매를 맺을 수 없느니라(마 7:16~18)라

고 지적하고 "이미 도끼가 나무뿌리에 놓였으니 좋은 열매 맺지 아니하는 나무마다 찍혀 불에 던져지리라"고 경고하고 있다.

또한 성경은 나무도 좋고 열매도 좋다 하든지 나무도 좋지 않고 열매도 좋지 않다 하든지 하라(마 12:33)면서 지도를 받는 사람은 스스로 잘 판단을 하라고 충고해주고 있다.

> 내 이름을 멸시하는 제사장들아 나 만군의 여호와가 너희에게 이르기를 아들은 그 아버지를, 종은 그 주인을 공경하나니 내가 아버지일진대 나를 공경함이 어디 있느냐 내가 주인일진대 나를 두려워함이 어디 있느냐 하나 너희는 이르기를 우리가 어떻게 주의 이름을 멸시하였나이까 하는도다 너희가 더러운 떡을 나의 제단에 드리고도 말하기를 우리가 어떻게 주를 더럽게 하였나이까 하는도다 이는 너희가 여호와의 식탁은 경멸히 여길 것이라 말하기 때문이라 만군의 여호와가 이르노라 너희가 눈 먼 희생제물을 바치는 것이 어찌 악하지 아니하며 저는 것, 병든 것을 드리는 것이 어찌 악하지 아니하냐 이제 그것을 너희 총독에게 드려 보라 그가 너를 기뻐하겠으며 너를 받아 주겠느냐(말 1:6~8).

하나님께서는 사악한 지도자들의 횡포를 눈동자같이 살피고 계신다. 하나님은 하나님의 성전인 세상에서 그들이 악행을 일삼고 있는 것을 발견하시고 안타까워하시고 경고하셨다(렘23:11~17). 거짓과 가증한 일을 하는 우매한 지도자들이 밀어냄을 당하여 그 길에 엎드러지고 재앙을 만난다고 지적하고 있다. 돌이킴이 없는 그들로 인해 세상은 불로 심판을 받은 소돔과 고모라와 다름이 없는 고난을 겪을 것이라고 경고하신다.

성경은 이 백성이 지식이 없으므로 망한다면서 하나님을 아는 지식을 버리고 제멋대로 행한 대가를 당연히 치루게 된다고 경고하고 있으며(호

4:6~8), 예수 그리스도께서는 바르지 못한 교회와 세상의 지도자들에게 "뱀들아 독사의 새끼들아 너희가 어떻게 지옥의 판결을 피하겠느냐"(마 23:33)라고 나무라셨다. 또한 "지도자의 죄가 다 이 세대에게 돌아가리라" 고 말씀하셨다.

지도자는 하나님의 대리인으로서 그 책임이 막중하다. 그 행적은 어물쩍 넘어갈 수 없으며 잘잘못을 가리는 심판을 받게 될 것이다.

> 어리석은 자는 그의 마음에 이르기를 하나님이 없다 하는도다 그들은 부패하고 그 행실이 가증하니 선을 행하는 자가 없도다 여호와께서 하늘에서 인생을 굽어 살피사 지각이 있어 하나님을 찾는 자가 있는가 보려 하신즉 다 치우쳐 함께 더러운 자가 되고 선을 행하는 자가 없으니 하나도 없도다 죄악을 행하는 자는 다 무지하냐 그들이 떡 먹듯이 내 백성을 먹으면서 여호와를 부르지 아니하는도다 (시 14:1~4).

우주 역사는 영과 육 두 갈래의 모양을 조화시키며 미래를 향하고 있다.

하나님은 당초 지도자들에게 이 두 영과 육의 역사를 관리하는 직분을 위임하셨지만 인간 지도자들은 죄로 인해 모호한 상태에서 겨우 모양만 내고 있는 형편이다. 하나님의 아들로서, 제사장과 청지기 직분자로서 우주를 이끌어가야 할 지도자의 사명을 바르게 감당하지 못하고 있는 것이다. 지도자가 연출하는 선악 간의 역할은 인류 역사의 흐름에 큰 흔적을 남기기 때문에 그 책임을 피할 수 없다.

교회와 세상의 지도자가 되기 원하는 사람은 이 우주를 창조하신 하나님의 뜻과 섭리의 말씀의 법을 깨닫고 난 후 지도자로 나서야 한다.

수많은 지도자들이 처음에는 요란하고 찬란하게 시작하면서 큰 기대를 갖게 하지만 그 결말은 슬픈 역사의 흔적을 남기고 있기 때문이다. 지도자의 업적이 심판대 앞에서 평가받을 때 흘러간 역사를 되돌리거나 시행착오와 잘못을 시정할 수 있는 방법은 결코 없을 것이다.

11
하나님의 역사 안에서의 지도자

몸은 하나인데 많은 지체가 있고 몸의 지체가 많으나 한 몸임과 같이 그리스도
도 그러하니라 …… 그러나 이제 하나님이 그 원하시는 대로 지체를 각각 몸
에 두셨으니 만일 다 한 지체뿐이면 몸은 어디냐 이제 지체는 많으나 몸은 하
나라 눈이 손더러 내가 너를 쓸 데가 없다 하거나 또한 머리가 발더러 내가 너
를 쓸 데가 없다 하지 못하리라 …… 만일 한 지체가 고통을 받으면 모든 지
체가 함께 고통을 받고 한 지체가 영광을 얻으면 모든 지체가 함께 즐거워하느
니라 너희는 그리스도의 몸이요 지체의 각 부분이라(고전 12:12~27).

개별적 조직의 지도자

유한한 시공 안에서 살아가는 우리들의 개별적인 작은 역사들이 모여 인
류 역사를 장식하고, 그 가시적 역사는 그리스도의 역사 안에서 영원하
신 하나님의 역사에 도달한다. 그와 같이 우리 개인과 가정과 사회의 작
은 조직들이 모여 거대한 국가를 이루고 세계를 형성하고 이 세계는 영
원하고 무한한 하나님 나라를 지향하고 있다.

성경은 인간 조직의 지도자들이 그리스도의 지체가 되어 사랑과 은혜
안에서 서로 돕고 협동하며 하나님의 영광을 나타내야 한다고 충고하

고 있다. 모든 조직들은 인체의 각 부분처럼 각기 주어진 목적과 사명이 있고 이 지체들은 인간 세계를 이루고 역사를 형성해나가고 있는 것이다. 그 직무의 목적과 경중과 책임과 성과는 지극히 작은 것처럼 보이지만 그리스도의 웅장한 생명의 세계를 이루는 소중한 것이라고 지적하고 있다.

성경은 하나님이 신령한 성령의 은사를 지도자들에게 능력으로 주신다고 알려주고 있다. 세상 지도자들이 얻지 못하는 신비한 지혜와 지식과 능력을 공급해주신다는 것이다.

> 은사는 여러 가지나 성령은 같고 직분은 여러 가지나 주는 같으며 또 사역은 여러 가지나 모든 것을 모든 사람 가운데서 이루시는 하나님은 같으니 각 사람에게 성령을 나타내심은 유익하게 하려 하심이라 어떤 사람에게는 성령으로 말미암아 지혜의 말씀을, 어떤 사람에게는 같은 성령을 따라 지식의 말씀을, 다른 사람에게는 같은 성령으로 믿음을, 어떤 사람에게는 한 성령으로 병 고치는 은사를, 어떤 사람에게는 능력 행함을, 어떤 사람에게는 예언함을, 어떤 사람에게는 영들 분별함을, 다른 사람에게는 각종 방언 말함을, 어떤 사람에게는 방언들 통역함을 주시나니 이 모든 일은 같은 한 성령이 행하사 그의 뜻대로 각 사람에게 나누어 주시는 것이니라(고전 12:4~11).

성령이 주시는 은사는 사회 각층의 직무나 직업처럼 다양하다. 은사는 믿음으로 간절히 사모하는 사람이나 지도자에게 공급해주신다. 세상 사람들은 성령의 체험이나 감동이나 은사를 알지 못한다. 그러므로 하나님의 신령한 성령의 은사를 공급받는 지도자는 축복을 받은 사람들이며 영생의 천국이 보장된 사람들이다.

하나님이 세워 주신 지도자

> 여호와여 주의 도를 내게 보이시고 주의 길을 내게 가르치소서 주의 진리로 나를
> 지도하시고 교훈하소서 주는 내 구원의 하나님이시니 내가 종일 주를 기다리나
> 이다(시 25:4~5).

모든 지도자들은 하나님께서 세워주셨으므로 사람들이 지도자를 따르는 것이 마땅하다. 철학자 소크라테스가 죽음의 사약을 받으면서 "악법도 법이다"라고 말한 것처럼 하나님의 법으로 세워진 지도자를 존경해야 한다. 선을 행하고 사랑으로 지도하라고 부르심을 받은 지도자는 여러모로 미숙할 수밖에 없지만 온전한 지도력을 발휘하기 위해 공부하고 스스로를 다스리는 지혜를 얻고 전능하신 하나님의 도우심을 받아야 한다.

> 사람이 마음으로 자기의 길을 계획할지라도 그의 걸음을 인도하시는 이는 여호
> 와시니라(잠 16:9).

하나님으로부터 잘했다는 칭찬을 듣고 싶은 지도자는 모두 하나님의 말씀에 따른 지도를 받아야 한다. 성공하는 지도자를 위한 세상의 관심은 높아지고 있지만 돕고 지도하는 방법을 찾아보기 힘든 실정이기 때문이다. 인간 지도자는 모든 조직을 나약하고 불완전한 상태에서 출발시키면서 조직을 이끌기 위해 배우고 시행착오를 개선하며 노력을 하지만 역부족이라는 것을 자인하기 마련이다.

어떤 조직을 멋지고 훌륭하게 이끈 지도자를 위한 원리의 해답은 성

경 안에 감춰져 있다는 것을 알아야 한다. 영과 육의 리더십을 통합해서 성공으로 이끄는 지도의 원리를 찾아보아야 한다.

지도자의 역할은 조직을 통해 기존 세상을 새로운 가치를 향해 나아가도록 변화시키는 것이다. 이는 최신의 유행과 고정관념에 안착을 하고 있는 조직을 미래를 바라보며 전진하게 이끄는 것이기도 하다.

12
역사를 이끄는 지도의 원리

너희는 세상의 소금이니 소금이 만일 그 맛을 잃으면 무엇으로 짜게 하리요 후에는 아무 쓸 데 없어 다만 밖에 버려져 사람에게 밟힐 뿐이니라 너희는 세상의 빛이라 산 위에 있는 동네가 숨겨지지 못할 것이요(마 5:13~14).

지도자의 역할은 무엇인가?

역사를 이끄는 지도자들에게는 진리와 거짓된 길 앞에서 어느 길로 갈 것인지 선택하고 어떤 지혜와 능력으로 조직을 지도하고 경영하며 그 열매를 수확할 것인지 결정할 책임이 주어져 있다.

지도자는 세상과 조직을 위한 빛과 소금의 역할을 하는 사람이다. 빛과 소금처럼 귀중한 것은 없다. 생명은 빛이 있어야 존재하고 맛을 내는 소금을 먹어야 건강을 지킬 수 있는 것처럼 지도자는 살아 있는 조직에 활력을 공급해줘야 한다. 빛의 열매는 모든 착함과 의로움과 진실함에 있다. 모든 우상 숭배와 분쟁과 악덕과 훼방하는 것과 술 취함과 음행과 죄짓는 것에 소금 역할을 하며 오직 빛으로 선을 쫓아 자비와 양선과 온유와 사랑으로 충만하게 해야 한다. 자신을 태워 에너지를 공급하는 빛과, 자신을 녹여 맛을 내는 소금과 같이 희생하고 봉사하는 지도자가 없다면 조직이 지탱해나갈 수 없다. 이 희생은 미래로 조직을 멋지게 리드하는 지도자에게 명예와 면류관을 줄 것이다.

지도자는 어떤 성품을 갖춰야 할까?

> 그러므로 너희가 더욱 힘써 너희 믿음에 덕을, 덕에 지식을, 지식에 절제를, 절제에 인내를, 인내에 경건을, 경건에 형제 우애를, 형제 우애에 사랑을 더하라(벧후 1:5~7).

지도자의 자질이나 성품은 지도력에 어김없이 반영되어 나타난다.

지도자로서의 소명을 받은 사람들은 소명에 대한 자각이 확실하고 천성적으로 타고난 성품을 갖고 있다. 평소 자신의 목표에 대한 내적 확신을 가지고 그 강한 확신을 언행으로 엿보이게 하고 또 사람들과 잘 어울리고 섬기기를 좋아한다. 지도자는 어떤 것을 생각하고 이해하는 것에 남다른 비전을 갖고 있다. 오늘의 기회를 잘 포착하고 미래에 관심을 가지고 바라보며 큰 그림을 그리기를 좋아한다. 세세한 사건에 관심을 갖는 것에 만족하지 않고 때로는 혁명적인 사고를 가진 이상주의자로서 끊임없이 변화를 추구하는 전략적 사고의 소유자다.

눈에 띄는 영향력을 행사하려고 하는 것도 지도자의 모습이다. 삶 속에서 효과적인 리더십을 발휘하여 멋진 열매를 맺으려 노력을 한다. 하나님이 주시는 지도자의 은사와 그 증거를 확실하게 보여주기도 한다. 어떤 집단이나 개인의 삶을 변화시킬 수 있는 힘과 어떤 어려운 역경이나 고난도 잘 감당하는 능력을 보여주기도 한다. 그 밖에도 다른 사람들을 편안하게 해주고 어울리기를 좋아한다. 동료 의식이 강하고 의리를 존중한다. 다른 사람들을 잘 격려하고 다른 지도자의 지지를 얻으려고 노력을 한다.

지도자는 강력한 내적 의지를 갖고 하는 일을 좋아하고 즐기는 사람이다. 내적 힘은 위대한 용기로써 위험에 대처하는 능력이다. 반대에 부딪히면 물러 설 수 있는 아량과 위기를 선으로 바꾸는 능력을 가졌다. 적의와 원망을 포용하고 내 편으로 만드는 지혜로운 사람이다.

성경은 지도자들이 하나님과 주 예수를 앎으로 은혜와 평강이 충만하라고 축복하고 성령의 신기한 능력으로 힘써야 할 행동 지침 여덟 가지를 친절하게 알려주고 있다.

믿음

지도자는 자신을 믿고 따르는 사람들을 옳은 길로 인도하는 사람이다. 조직의 밑거름은 신임의 터 위에 세워져야 한다. 진실한 믿음은 불가능할 것처럼 보이는 일도 기적적으로 성취시켜줄 것이다.

덕

확실한 믿음과 예의 바른 인격은 덕성에서 나온다. 메마른 인간 사회에 선한 윤활유가 되어 질서를 바로잡아주는 덕행은 인간을 인간답게 살도록 한다. 인덕이 많은 지도자를 성공한 사람이라고 말한다. 덕은 베푸는 데서 빛나고 조직의 활력소가 된다.

지식

하나님을 경외하는 것이 지식의 근본이다. 하나님의 뜻과 섭리를 알려고 하는 인간의 지식은 모든 삶의 기초가 된다. 온전하신 지도자 그리스도의 말씀에 따라 조직을 이끄는 지도자는 영과 육의 지식에 탁월한 지혜를 갖는다. 항상 세상의 모든 것에서 배우려는 자세로 일하고 또 말씀 안에서 사람들을 가르치는 능력을 갖춰야 한다.

절제

독재를 방지하는 묘약은 절제다. 욕심을 절제하고 과도한 목표를 절제하고 조급한 마음을 절제해야 한다. 다른 사람들의 잘못을 이해하고 개선해주는 것도 절제의 방법이다. 지도자가 절제하지 못하면 조직은 여러모로 누수 현상이 생기고 외고집이 강해지거나 나태 현상이 발생하고 급기야 와해의 조짐을 나타내고 말 것이다.

인내

모든 것을 참고 견디게 하고 바라는 원동력은 인내에서 나온다. 인내는 믿음을 경건히 하고 덕을 쌓고 절제하는 과정을 거치게 되어 있다. 농사를 짓는 농부의 인내심은 풍성한 수확을 얻게 한다. 이 세상의 성공한 지도자는 모두 시련과 좌절의 늪을 인내하며 그 혹독한 연단을 통과한 승리자들이다.

경건

믿음의 경건은 인간들이 창조의 참모습을 찾는 것을 뜻한다. 윤리적인 선 이상의 인격의 성숙에서 나오는 참사랑을 말하는 것이다. 진실성이 없는 지도자는 경건을 잃고 헤매다가 신뢰를 상실할 것이다.

형제 우애

지도자는 조직원들뿐만 아니라 조직과 관계된 세상의 모든 사람과 돈
독한 사랑의 교제를 유지해야 한다. 생산자가 소비자를 손님으로 취급
하면 유대가 형성되지 못하기 때문에 왕 같이 섬기라고 말한다. 모두가
공생하는 우애로 협조하면 조직이 번성할 것이다. 살아 있는 조직의 활
성화는 조직원들을 형제처럼 우애하는 지도력에 비례한다.

사랑

사랑은 모든 것의 완성을 뜻한다. 조직을 믿음 안에서 확실한 소망으로
이끄는 지도자는 사랑의 완성으로 성공했다는 칭찬을 듣게 되어 있다.
사랑은 하나님께로부터 나오는 것임으로 지도자는 말씀으로 성취되는
사랑을 쫓아 사랑을 더하는 지도자가 되도록 최선을 다하여야 한다.

지도력보다 중요한 것은 없다

01

지도자가 갖추어야 할 조건

지도력이란 무엇인가. 그것은 분명한 동기와 목적을 가진 사람이 경쟁 관계자와의 갈등에서 정치 제도나 자원을 활용하여 추종자들을 참여하게 하고 옳은 길로 인도하여 만족을 주는 것을 말한다. 또 마땅히 해야 한다고 확신하는 중요한 일에 동조하는 사람들을 모아 영향을 미치고 공유하는 목표를 향해 나아가며 정복하는 힘을 말하기도 한다. 지도자는 사람들의 마음을 얻어 조직을 결집시키고 움직이게 하는 능력을 가진 사람이다.

성경은 지도자들에게 따르는 사람들의 말에 관심을 가지고 귀를 기울이며 그들로 하여금 즐거움으로 일을 하도록 근심을 덜어주라고 충고하고 있다.

지도자는 자신이 좋아하는 일을 찾아 즐겁게 일하는 사람이다. 긍정의 힘을 믿고 성경적인 바른 생각을 하며 일에 정성을 들이는 용기 있는 사람이다. 사람을 좋아하고 사랑할 줄 알며 땀 흘려 얻은 풍성한 열매를 이웃과 나눌 수 있는 너그러운 마음의 소유자다. 인생길에는 크고 작은 걸림돌이 무수히 깔려 있어 우리를 넘어뜨리려 한다는 것을 직시하고 평소 대처하는 능력을 예비하는 사람이다.

지도력에 대한 일곱 가지 조언

첫째, 비전이 확실하고 그것을 멋지게 표현하고 제시하며 동기를 부여할 능력을 갖추고 있어야 한다.

둘째, 사람들을 가르치고 능력을 개발하며 효과적인 커뮤니케이션을 할 수 있어야 한다.

셋째, 전략적 사고와 행동으로 선도하며 정보를 종합적으로 판단해야 한다.

넷째, 갈등을 해결하고 권위와 책임을 위임하고 결단을 내릴 수 있어야 한다.

다섯째, 팀을 잘 구성하고 활용하며 올바른 평가를 내려야 한다.

여섯째, 선택과 우선순위를 바로 정하고 확실하게 책임을 지도록 지도해야 한다.

일곱째, 영향력을 미칠 수 있는 기회를 수시로 만들고 상벌을 분명히 하여야 한다.

지도자는 조직의 기능과 임무 수행 능력을 잘 파악하고 조직의 자원과 에너지를 효율화시키며 조직원들을 잘 돌봐주어야 한다.

용기는 목적에 도달할 때까지 버티는 것

사람은 무엇인가 흥미를 느끼고 흥분할 때에는 절대로 피로를 느끼지 않는다. 즐거움이 정신과 육체의 에너지를 새롭게 일깨워주기 때문이다. 행복한 일을 생각하면 행복해지고 감사한 일을 생각하면 감사가 넘치고 비참한 일, 무서운 일, 병들어 죽을 일, 실패에 대한 공포심을 생각하면 그것이 현실로 나타나기 쉽다. 하지만 가끔 최악의 일을 생각해보아야 한다. 그 사태를 피할 수 없다면 침착하게 현실을 파악하고 결연히 맞설 지혜와 용기를 가져야 한다.

적을 미워하면 결코 적을 물리칠 수 없고 강하게 만들어줄 뿐이다. 미움이나 증오는 건강을 해치는 것은 물론 행복까지 달아나게 하고 실패의 씨앗이 되어 처참한 열매를 맛보게 한다.

온갖 문제가 지도자의 앞길을 가로막고 있다. 현명하고 냉정하게 문제를 분석하면 해결책이 보일 것이다. 문제는 자신과의 싸움일 수도 있고, 새롭고 좋은 일을 개척하는 길을 제공해줄 수 있는 기회가 되기도 한다. 지도자는 수시로 닥치는 좋고 나쁜 기회의 홍수 속에서 살아가고 있다는 것을 명심하고 그 기회를 내 것으로 만드는 지혜의 개발자가 되어야 한다.

성공을 바라는 지도자가 배워야 할 것들

1. 새로운 일을 시작할 때는 성공과 실패한 사람들의 전례를 잘 연구하여 전화위복의 지혜를 배워야 한다.
2. 자신의 주변을 신중하게 살펴보고 정돈하며 준비를 해두어야 한다.

3. 지식을 얻고 배운 것을 실행하며 자신의 능력을 점검해보고 물질을 잘 쓰는 방법을 배워야 한다.

4. 상대방의 이야기에 열심히 귀를 기울이고 말을 막지 않고 지식과 지혜를 얻고 배워야 한다. 상대보다 잘났다는 태도를 보이지 말고 내 의견과 다르다고 해서 반박하거나 토론을 벌이지 말며 자신의 말이 잘못되었으면 솔직히 시인하고 사과해야 한다.

5. 원만한 인간관계를 유지하며 사람들을 즐겁게 해주도록 노력해야 한다. 첫인상이 중요하다. 처음 만난 사람을 좋은 사람 나쁜 사람으로 속단하지 말아야 한다. 비판적 버릇을 고쳐야 한다. 독설을 퍼붓는 사람은 교만의 늪에 빠져 그 이상의 손해를 보게 된다는 것을 알아야 한다. 나를 악평하는 사람의 장점을 찾아보아야 한다. 좋은 사람이든 싫은 사람이든 신뢰할 줄 아는 지도자가 되어야 한다. 호감이 가지 않는 사람에게 호의를 베풀지 못하는 사람은 신뢰할 만한 사람도 얻기 힘들다.

6. 은혜를 저버리는 사람에 대해 고민하지 말고 은혜를 베풀 때부터 어떤 대가를 기대해서는 안 된다. 친절을 베풀 수 있다는 기쁨만 즐겨야 한다. 감사하는 마음은 저절로 생기는 것이 아니라 어릴 때부터 배우고 몸에 배어야 하는 습관이다.

7. 지도력은 다른 사람에게 내 마음을 열고 힘을 나누어주는 것이며 또 하나의 나를 만드는 것이다.

8. 상황을 파악하지 못하면 함부로 말참견을 하지 말아야 한다. 항상 사태의 진실과 주위 상황을 주의 깊게 관찰하고 판단하며 돌발 사태에 대비하고 위선 여부에 관심을 가지고 예의 바르게 행동해야 한다.

9. 유한한 인간에게 시간처럼 귀중한 것은 없다. 시간을 허비하는 것은

인생을 단축시키는 커다란 낭비이다. 잃어버린 시간은 다시 돌아오거나 되찾을 수 없고 시간은 아무리 많아도 충분하지 않다. 해야만 할 일을 미루는 것은 그만큼 인생을 단축시키는 것과 같다. 가치가 있는 일을 정성을 들여 하는 것은 시간을 새로 만들어 사용하는 것과 같다.

10. 일을 시키고자 할 때는 먼저 전문가인 그 사람의 의견을 물어보는 것이 좋다. 그만큼 시간 단축의 효과를 얻게 될 것이다.

행복한 지도자가 되기 위한 조건

1. 화사하고 따스한 빛을 받고 피어 있는 장미꽃을 바라보고 귀여운 새들의 노래를 들으며 좋은 생각을 하고 즐거운 하루를 시작한다.

2. 사랑하는 아내(혹은 남편)와 아이들이 있는 가정을 위하고 노인을 공경하며 더불어 사는 지혜를 얻고 활기차게 살아간다.

3. 여행하기를 즐기며 견문을 넓히거나 좋은 책을 많이 읽고 지식을 쌓고 경력을 중시하며 그것들을 일에 적용한다.

4. 건강을 위해 규칙적인 운동을 하며 에너지를 얻고 건전한 생활을 위해 노력한다.

5. 노동의 가치와 땀을 흘리는 보람을 알고 좋아하는 일을 찾아 일을 벌이기를 좋아한다.

6. 간혹 실패와 좌절의 벼랑 앞에 서도 용기를 잃지 않고 냉철한 생각으로 문제를 해결한다.

7. 지도자는 행복 전도사다. 사람을 좋아하고 사랑할 줄 알며 항상 넉넉한 마음으로 사랑을 나눠주며 얼굴에 평화로운 웃음을 활짝 피운다. 사람의 행복은 재산이나 명예로만 얻어지는 것이 아니라는 것을

잘 알고 같은 생활 조건 아래서도 불행을 느끼거나 불평불만하는 사람들을 행복 바이러스로 변화시키려 노력한다.

천부적 재능이나 천재의 특징

천재들이 보통 사람들보다 머리가 좋은 것은 사실이다. 하지만 보통 사람들보다 낫다는 보장은 없다. 성공한 천재들은 남달리 정력과 끈기 있는 노력과 훈련을 통해서 재능을 멋지게 발휘했다. 그 과정에서 받은 영감을 정확하게 현실화하고 실패를 두려워하지 않고 인내했을 뿐이다. 천재는 일찍 자기 재능을 발견하고 해야 할 일을 시작한 사람들이다. 자신의 성격과 재능을 단련하고 발전시키고 능력을 최고로 활용했다. 어떤 경우에도 열정을 잃지 않고 직감적인 통찰력으로 영감을 얻을 때까지 자신의 모든 두뇌와 정력을 바쳤고 목표 달성에 필요한 대가를 치렀다.

사람들을 내 편으로 만드는 지혜

1. 사람들에게 한몫의 일을 맡겨야 한다. 나 홀로 독차지하려고 하면 사람들을 피지배자나 적으로 만들기 쉽다.
2. 영웅심에 사로잡혀 앞서 나가려고만 하지 말고 한 발자국 물러서는 지혜가 필요하다.
3. 사람들로 하여금 항상 무엇인가 부족하다는 생각을 갖게 해야 한다.
4. 사람들에게 중요한 직책을 맡기고 명예를 주어 책임 의식을 높여주어야 한다.
5. 항상 나보다 우리라는 말을 사용하여 연대의식을 고취시켜주어야

한다.

승리자와 실패자의 말은 다르다. 승리자는 "하면 되는 거야, 나는 능력
이 있고 해야 할 일을 잘 알고 있어 오늘도 정말 잘 했는데 내일은 더 잘
되고 성장할 거야"라고 긍정적으로 말한다. 하지만 실패자는 "뭐 어떻게
되겠지, 세상 일이란 마음대로 되는 것이 아니야. 또 헛일을 했구나. 환
경을 보면 잘 될 턱이 없지. 배우고 애써봤자 헛수고뿐이야. 나는 무능
한 사람이야"라고 부정적으로 말한다.

지도자가 사람의 마음을 움직이는 방법

1. 사람들은 누구나 지도자의 신뢰를 얻고 싶어 하며 또 기대에 어긋나
   지 않으려는 본능이 있다.
2. 섣부른 논쟁을 피하고 상대의 의견을 존중하고 순리대로 이야기를 해
   야 한다.
3. 자신의 잘못을 솔직히 인정하고 시정하는 것이 존경을 받는 밑거름
   이다.
4. 상대방의 위치에서 생각하고 내 의견을 상대방의 것처럼 느끼게 해야
   한다.
5. 상대의 소망과 하고 싶은 일을 이해하고 더 큰 동기를 촉구해야 한다.
6. 경쟁 심리를 자극하고, 도전 욕구를 부추기고, 원하는 것을 지원해주
   어야 한다.
7. 많은 지도자들이 아랫사람을 하인 다루듯 명령하고 책망한다. 하지
   만 이럴 때 지도자의 인격은 오히려 땅에 떨어지고 위기 상황에서 그

대가를 치르며 결국은 환멸을 느끼게 한다.

지도자가 사람들의 마음을 얻거나 바꾸려면 대화할 때 진심에서 우러나오는 칭찬과 감사의 말로 시작하고 사소한 일에도 칭찬을 아끼지 말아야 한다. 잘못을 지적할 때 간접적인 말과 표현을 사용하고 비난할 때는 자신의 과오를 먼저 고백하며 상대의 체면을 세워주어야 한다. 명령을 하기 전에 질문을 먼저 하고 자신감을 갖도록 격려하고 도와주어야 한다.

성공에도 지름길이 있다

조직을 지도할 때 성공의 원칙을 잘 알고 적용하면 큰 도움이 된다.
1. 적극적인 마음가짐으로 명확한 목표를 세워야 한다.
2. 정확한 생각으로 계획을 수립하고 여유를 두고 준비해야 한다.
3. 자신의 삶을 규제하고 지도력을 배양하고 믿음을 가져야 한다.
4. 자발성과 열의를 갖고 주의력을 높이고 패배에서 배워야 한다.
5. 시간과 자본과 예산을 잘 세워 빈틈없이 활용해야 한다.
6. 조직의 효율성 제고를 위해 팀을 효과적으로 활용해야 한다.
7. 하나님의 씨 뿌리는 우주 경영 법칙과 으뜸의 성공 법칙을 잘 활용하고 건강관리를 잘 해야 한다.

지도자의 성품은 지도력으로 나타나고 존재보다 행위에서 돋보인다. 지도자의 성장 과정에는 실패의 위기와 실망을 안겨주는 경우가 많고 이런 상처가 성공의 선결 조건처럼 보이기도 한다. 하지만 실패와 좌절의 경험을 헛되이 버리지 말아야 한다.

비전은 꿈꾸는 것이 아니라 확실하게 보이는 것을 실천하는 것이다. 지도자의 결단력은 세심한 준비와 충분한 계획에서 나와야 한다. 확신이 생기면 결심한 것을 힘차게 실행하여야 한다. 지도자의 자리가 너무 작게 느껴진다면 지경을 크게 만들면 된다. 하지만 자리를 확장시키려다가 부담을 느낀다면 그것은 자신이 그 자리를 맡기에 부족하다는 사실임을 깨달아야 한다.

자신 있는 지도자는 조직의 목표를 달성하기 위해 사람들을 이용하지 않는다. 사람이 곧 목표이기 때문에 사람들을 사는 일에 주력한다. 사람들이 조직의 일을 충실하게 하도록 움직이는 것이다.

아무리 목표를 향해 매진을 하다가도 그 과정에서 조직원들이 부당한 고통을 받는다거나 뒷전에 밀려서 불평을 하고 있다면 목표를 달성했다고 해도 반쪽 성공이 되고 만다. 지도자는 말로 사람들을 설득할 재능이 없다 해도 진지하고 명확한 의사 전달로 소통을 할 수 있는 방법을 개발해야 한다.

조직의 상징인 지도자는 고된 일을 면제받은 사람이 아니며 오히려 힘을 들여 겸손히 섬기는 사람이다. 지도자는 우연의 일치를 면밀히 평가하여야 한다. 결코 우연이란 있을 수 없고 그곳에 알지 못하는 원인이 있기 때문이다. 어려운 상황에 낙심하지 않고 그 상황을 통해 새로운 방법을 배워나아가야 한다.

모든 결정은 목표지를 향해 나아가는 첫걸음이다. 자기가 어디로 어떻게 가고 있는지 모른다면 우왕좌왕할 수밖에 없다.

성공은 중독성이 있어 지도자의 눈을 멀게 하고 자신의 단점을 보지 못하게 하기도 한다. 그래서 실패를 통해 지도자의 부족한 단점을 드러

내며 깨닫게 하고 후회하게 한다.

성공과 시간은 공존 관계이다. 없는 시간을 만들어 낸다거나 하루 일과에 많은 활동 분량을 집어넣는 것은 조심해야 하다. 생산적인 시간이나 비효율적 시간은 다 같이 흘러가고 있기 때문에 덜 중요한 일에 시간을 낭비하면 정작 꼭 필요한 시간을 놓치고 마는 경우가 있다. 지도자의 시간은 황금과 같아서 잘 활용하는 지혜와 빈틈없는 계획 관리가 필요하다. 지도자에게 주어진 시간과 이룰 수 있는 업무량은 다른 사람에게 위임할 수 있는 능력에 비례한다.

진실한 지도자는 자신이 조직을 이끌면서 배우고 체험한 지혜를 전수받아 이어갈 후임 지도자를 양육하며 조직의 앞날에 대비해야 한다.

지도자는 자신이 교만, 탐욕, 도덕적 순결, 냉소, 이기심, 나태, 무기력, 과민성, 가정 소홀, 업무 부주의, 남의 업적 가로채기, 배우려는 열정 감소, 힘의 과신, 사랑의 상실, 장기 집권 등 폐단의 늪에 빠지지 않았는지 항상 수시로 살피고 조심해야 한다.

지도자는 사랑의 전도자다

지도자는 사랑하는 방법을 잘 알고 사랑으로 모범을 보이고 실천하는 책임자다. 철학은 사랑의 기술에 대해 '관심, 이해, 책임, 존경, 주는 것'이라고 말하고 있다. 이 사랑의 기술은 정(情)과 비슷하며 유용하게 활용할 수 있다.

관심

인간의 사랑은 관심을 갖는 것에서부터 시작된다. 가족 사랑, 이웃 사랑, 나라 사랑, 친구 사랑, 남녀의 사랑에서부터 동물 사랑, 자연 사랑에 이르기까지 사랑으로 관심을 가져야 할 대상은 우주 안에 충만하다. 관심을 갖는 것만큼 사랑의 척도도 높아진다. 지도자는 편협한 관념의 사랑이나 편애의 늪에 빠지지 않도록 조심해야 한다.

하지만 세상 사람들이 행하는 사랑은 자기중심적인 면이 많아 사랑이라고 말하기보다는 정이라고 부르는 것이 좋을 듯하다.

이해

인간의 사랑은 관심을 갖고 이해하는 데서 우러나고 그 싹이 움트게 된

다. 사랑의 이해심은 인간의 마음을 너그럽게 해주고 넓은 마음을 갖게
하고 다른 사람의 허물을 덮어주며 포용하기도 한다.

반면 이기주의와 문화의 편견에서 오는 이해 부족은 커다란 장애물이
되어 갈등을 일으키기도 한다. 죄악으로 사랑을 상실한 인간은 이해하
는 것을 생활화하지 못하고 자기 유익과 탐욕과 완고함과 교만에 사로
잡혀 살아간다. 다른 사람에게는 서로 이해를 하라고 강요하지만 자신
은 조금도 이해를 하지 않는다.

이해하는 마음을 가지면 온갖 어려운 문제도 쉽게 해결하고 화목할
수 있다. 지도자는 모든 것을 이해하는 사랑의 조정자가 되어야 한다.

책임

지도자가 사랑하는 조직과 사람을 책임지는 것은 당연한 의무다. 인간
들은 쉽게 사랑을 시작하지만 오래도록 지속시키지 못하고 작은 오해
가 생기거나 싫증이 나면 미련 없이 버리고 마는 무책임하고 변덕스러운
면이 있다. 하지만 사랑은 믿음과 의무와 책임이 부과될 때 놀라운 위력
이 발휘된다.

사랑으로 부르심을 받은 지도자는 사랑해야 할 책임이 있고 그 책임
을 모든 사람이 공유하게 해야 한다.

존경

지도자는 조직에 관계된 모든 사람들을 존경하고 인격적으로 대해야 한
다. 존경하는 마음이 있어야 제대로 사랑할 수 있기 때문이다.

지도자는 우월한 지위에서 속으로는 사람들을 대수롭게 여기지 않거
나 무시하면서 겉으로만 사랑한다고 말하는 위선을 경계해야 한다. 사

랑하기 위해서 존경하는 것이 아니라 존경하기 때문에 사랑해야 한다. 존경하는 마음이 없는 사랑은 울리는 꽹과리가 되어 자기에게 슬픈 사랑으로 되돌아올 것이다.

주는 것

사랑은 생명의 빛이다. 지도자는 따스한 사랑과 은혜와 밝고 명랑한 빛을 아끼지 않고 나눠주는 사람이다. 사랑은 타산을 맞추려고 인생을 경영하거나 숫자적인 계산을 해서 얻어지는 것이 아니라 성심껏 후히 넘치도록 나누어주는 속성을 지니고 있다. 지도자는 부의 불균형으로 몸살을 앓고 있는 사회를 건강하게 만들기 위해 사랑의 실천으로 부의 분배에 앞장서는 정의로운 사람이 되어야 한다.

> 자녀들아 우리가 말과 혀로만 사랑하지 말고 행함과 진실함으로 하자 이로써 우리가 진리에 속한 줄을 알고 또 우리 마음을 주 앞에서 굳세게 하리니 이는 우리 마음이 혹 우리를 책망할 일이 있어도 하나님은 우리 마음보다 크시고 모든 것을 아시기 때문이라 사랑하는 자들아 만일 우리 마음이 우리를 책망할 것이 없으면 하나님 앞에서 담대함을 얻고 무엇이든지 구하는 바를 그에게서 받나니 이는 우리가 그의 계명을 지키고 그 앞에서 기뻐하시는 것을 행함이라(요일 3:18~22).

사랑을 받고 자란 사람과 열악한 환경 속에서 사랑을 모르고 성장한 사람은 사랑을 행하는 모습이 다르다고 한다. 우리가 마음만 먹으면 할 수 있는 것이 사랑인 것 같으면서도 실제적으로 참다운 사랑은 쉽지 않다. 또한 사랑을 할 만한 기회가 와도 사랑을 알지 못하고 지나쳐버리거나 사랑을 할 줄 몰라서 당황하다가 나중에 진실한 사랑을 받고 나서 사랑을 깨닫고 사랑을 하지 못하고 산 삶을 후회하는 사람도 있다.

지도자는 사랑의 전도자가 되어 조직과 사람들에게 더 많은 관심을 갖고 이해하며 존중하고 책임을 지며 아낌없이 사랑을 나눠주어야 한다.

03

조직 문화를 창출하는 지도자

많은 사람들이 문화 역사를 아름답게 꽃 피우기 위해 땀을 흘리고 있다. 삶의 목적과 가치를 문화로 나타내고 있는 것이다.

집단의 문화는 조직의 생명과 같다. 지도자의 임무는 조직의 문화를 창출하고 그 문화를 사람들에게 전달해주고 적응하도록 인도하는 것이다. 지도자는 조직에 필요한 문화를 만들고 그 환경을 멋있게 조성하고 유지시켜야 한다. 문화를 영농하려면 밭에 밑거름을 충분히 주고 깊게 갈아 엎은 다음 모양 있게 고랑을 파고 밭을 조성해야 한다. 민중이 선호하고 적응하기 쉬운 좋은 문화의 씨를 뿌리고 가꾸며 문화를 영농해야 한다. 풍성한 문화의 열매는 모든 사람이 공유하도록 배려를 해야 한다.

거대한 사회 문화의 흐름 안에서 작은 조직 문화가 무엇을 어떻게 기여할 수 있는지 생각해보아야 한다. 조직 문화는 조직에 소속된 사람들이 자신들의 가치와 유익을 위해 전통의 토대 위에서 행동하는 것이며 조직 환경을 처리하는 방식을 말한다. 조직 문화의 특징은 그 스타일이나 일하는 방법에 있어 지도자의 공식적 지시나 방침보다 더 강한 힘을 갖고 돌출적 행동을 하기도 한다.

조직이나 기업 문화의 영농을 위해 알아두어야 할 것들이 있다. 지도자는 사람들이 효율적으로 일하고 많은 업적을 달성하기를 바라지만 그 영농을 방해하는 것들이 곳곳에 숨어 좌절하게 만들고 있다는 것을 간과하고 있다. 조직의 문화 환경을 역동적이며 도전적이고 긍정적으로 만들기 위한 지도자의 역할은 다음과 같다.

1. 지도자는 문화를 배양하는 지혜가 있어야 한다. 사람들이 원하는 욕구가 문화로 나타나기 때문에 그 문화의 가치를 이해하고 영농의 문화 환경을 옳은 방향으로 인도하여야 한다.

2. 지도자는 조직적인 문화의 힘을 과소평가하지 말아야 한다. 어떤 조직이든 사람들에 의해 나름대로의 문화가 조성되어 있다는 것을 인정해야 한다. 지도자가 원하는 문화와 어긋나는 문화가 함정이 되어 갈등과 파업 등 문제를 제기할 수 있기 때문이다. 집단 문화를 잘 활용하면 이득이 되기도 하지만 역풍을 만나면 큰 장애물이 되기도 한다.

3. 지도자만이 조직 문화를 바꿀 수 있다. 사람들은 어떤 경우 조직의 문화가 변화하기를 원하지만 조직의 관리권을 가진 지도자만이 그렇게 할 수 있다. 이를 위해서는 지도자가 납득할 수 있도록 설득하거나 사람들이 인정하도록 제도와 환경을 조성해 따르게 해야 한다.

4. 조직 문화를 참되고 멋지게 이끄는 지도자가 성공을 한다. 많은 지도자들이 잘못된 문화 속에서 실패를 하고 그 자리에서 떠나고 말았다. 문화의 가치를 이해하는 뛰어난 지도자는 조직 문화의 효율 가능성을 포착하고 긍정적인 문화 환경을 만든다.

5. 조직 문화 안에 잠재한 강력한 힘은 조직을 활성화시켜 준다. 집단

적인 문화의 강요가 아니라 그 문화의 단점을 보완하고 장점을 극대화시켜 활용하는 능력을 개발해야 한다. 성공하는 지도자는 성공할 수 있는 문화를 창출하고 확산시키는 능력자이다.

6. 강력하고 긍정적이며 친화적인 문화는 건전한 조직을 만든다. 모든 지도자는 어떻게 하면 조직을 활성화시키는 에너지와 추진력을 촉발하는 문화를 창출할 것인가 고민하고 있어야 한다. 그 방법은 자신이 이끌고 있는 조직의 문화 실태를 잘 파악하는 것이다. 강력한 문화의 비전을 제시하고 계속해서 유지해야 한다. 조직원들의 의견에 귀를 기울이고 문화 리드의 책임을 분산시키고 그것을 이해하며 상명하달식 독재자의 폐단을 방지하며 집단 문화의 중요성을 강조해야 한다.

7. 조직의 계속된 성장과 전진을 위해 변화하는 문화를 연구해야 한다. 조직 문화를 배우는 것은 제도에 의한 침체에서 벗어나는 지혜의 열쇠가 되기 때문이다. 현상 유지 문화에 안착하지 않게 해주고 새로운 도약을 도모하는 힘을 유지해야 한다. 아첨하는 말에서 벗어나 문화의 어두운 면을 바라보면서 밝은 양지로 향하게 하는 지혜를 얻어야 한다. 조직 문화를 새로운 지식과 아이디어를 개발하는 원동력이 되도록 발전시켜야 한다.

지도자는 사람들의 기대를 충족시키는 사람이다. 조직원들은 지도자와 그의 신념을 알고 싶어 하고 비전을 알려주기를 원하고 있다. 사람들은 자신을 인정하고 알아주며 사랑해주는 지도자를 따르려고 한다. 신뢰할 만하며 성장하도록 돕고 책임을 맡기는 지도자를 바라고 있는 것이다.

04

지도자에게 맡겨진 달란트

> 오랜 후에 그 종들의 주인이 돌아와 그들과 결산할새 다섯 달란트 받았던 자는 다섯 달란트를 더 가지고 와서 이르되 주인이여 내게 다섯 달란트를 주셨는데 보소서 내가 또 다섯 달란트를 남겼나이다 그 주인이 이르되 잘하였도다 착하고 충성된 종아 네가 적은 일에 충성하였으매 내가 많은 것을 네게 맡기리니 네 주인의 즐거움에 참여할지어다 하고(마 25:19~21).

생육하고 번성하며 땅을 정복하라고 하신 하나님은 세상의 모든 영적 육적 지도자들에게 일할 수 있는 지적 능력과 달란트를 고루 나누어주셨다.

달란트의 비유에는 두 가지 비밀이 감춰져 있다. 첫째, 달란트는 다 같은 것이지만 영적 지도자는 하나님의 영광을 위한 영의 일을 하는 달란트를 많이 찾아내 사용을 한다. 이때 성령께서 합력하여 여러 가지 풍성한 은사를 주시며 도와주신다. 하지만 영이 죽은 세상 지도자는 자기 유익을 위한 세속적인 달란트를 찾아내 자기 이름을 높이고 욕망을 위해 활용한다. 그리고 성공의 열매를 독차지하거나 시행착오와 실패 등 부작용으로 많은 사람들을 고통스럽게 만든다. 둘째, 하나님께서 각 지도자에게 주시는 달란트에도 차이가 있다. 지도자가 갖고 있는 그릇에 따라 한 달란트, 두 달란트, 다섯 달란트 등 차등을 두고 주셨다. 이왕이면 많은 달란트를 받는 것이 바람직하다고 생각되지만 하나님의 상급은 다 같다. 문제는 받은 달란트를 어떻게 주신 목적을 위해 사용했느냐 하는 것이다. 농부가 되시는 하나님은 씨 뿌리는 우주 경영 법칙에 따라 달란트로 영농을 잘하여 30배 60배 100의 수확을 얻는 믿음의 실적을 보시기 때문이다.

성경은 지도자들에게 달란트를 맡기신 하나님께서 "다섯 달란트 받았던 자는 다섯 달란트를 더 가지고 와서 이르되 주인이여 내게 다섯 달란트를 주셨는데 보소서 내가 또 다섯 달란트를 남겼나이다 그 주인이 이르되 잘하였도다 착하고 충성된 종아 네가 적은 일에 충성하였으매 내가 많은 것을 네게 맡기리니 네 주인의 즐거움에 참여할지어다 하고 두 달란트 받았던 자도 와서 이르되 주인이여 내게 두 달란트를 주셨는데 보소서 내가 또 두 달란트를 남겼나이다 그 주인이 이르되 잘하였도다 착하고 충성된 종아 네가 적은 일에 충성하였으매 내가 많은 것을 네게 맡기리니 네 주인의 즐거움에 참여할지어다 하고"(마 25:20~23)라고 칭찬을 하셨다. 하지만 그릇이 작았고 또 노력도 하지 않았던 한 달란트를 받은 지도자에게는 "한 달란트 받았던 자는 와서 이르되 주인이여 당신은 굳은 사람이라 심지 않은 데서 거두고 헤치지 않은 데서 모으는 줄을 내가 알았으므로 두려워하여 나가서 당신의 달란트를 땅에 감추어 두었었나이다 보소서 당신의 것을 가지셨나이다 그 주인이 대답하여 이르되 악하고 게으른 종아 나는 심지 않은 데서 거두고 헤치지 않은 데서 모으는 줄로 네가 알았느냐 그러면 네가 마땅히 내 돈을 취리하는 자들에게나 맡겼다가 내가 돌아와서 내 원금과 이자를 받게 하였을 것이니라 하고 그에게서 그 한 달란트를 빼앗아 열 달란트 가진 자에게 주라

무릇 있는 자는 받아 풍족하게 되고 없는 자는 그 있는 것까지 빼앗기리라 이 무익한 종을 바깥 어두운 데로 내쫓으라 거기서 슬피 울며 이를 갈리라 하니라”(마25:24~30)고 야단을 치시고 엄한 벌을 내리셨다.

공의로우신 하나님의 피조물인 지도자에 대한 판단은 정확하시고 천지를 수확하실 때의 상벌은 확실하시다. 지도자들이 어영부영 일하다가 “잘되면 좋고 나빠도 어쩔 수 없지”라고 변명하는 것을 용납하지 아니하신다.

> 인자가 자기 영광으로 모든 천사와 함께 올 때에 자기 영광의 보좌에 앉으리니 모든 민족을 그 앞에 모으고 각각 구분하기를 목자가 양과 염소를 구분하는 것 같이 하여 양은 그 오른편에 염소는 왼편에 두리라 그 때에 임금이 그 오른편에 있는 자들에게 이르시되 내 아버지께 복 받을 자들이여 나아와 창세로부터 너희를 위하여 예비된 나라를 상속받으라(마 25:31~34).

성경은 올바른 지도자의 행적에 대해 비유로 설명하고 있다. “내가 주릴 때에 너희가 먹을 것을 주었고 목마를 때에 마시게 하였고 나그네 되었을 때에 영접하였고 헐벗었을 때에 옷을 입혔고 병들었을 때에 돌보았고 옥에 갇혔을 때에 와서 보았느니라 이에 의인들이 대답하여 이르되 주여 우리가 어느 때에 주께서 주리신 것을 보고 음식을 대접하였으며 목마르신 것을 보고 마시게 하였나이까 어느 때에 나그네 되신 것을 보고 영접하였으며 헐벗으신 것을 보고 옷 입혔나이까 어느 때에 병드신 것이나 옥에 갇히신 것을 보고 가서 뵈었나이까 하리니 임금이 대답하여 이르시되 내가 진실로 너희에게 이르노니 너희가 여기 내 형제 중에 지극히 작은 자 하나에게 한 것이 곧 내게 한 것이니라 하시고”(마25:35~40)라고 칭

찬을 하셨다. 하지만 불의한 지도자에 대해서는 다음과 같이 말씀하고
있다.

> "또 왼편에 있는 자들에게 이르시되 저주를 받은 자들아 나를 떠나 마귀와 그 사
> 자들을 위하여 예비된 영원한 불에 들어가라 내가 주릴 때에 너희가 먹을 것을
> 주지 아니하였고 목마를 때에 마시게 하지 아니하였고 나그네 되었을 때에 영접
> 하지 아니하였고 헐벗었을 때에 옷 입히지 아니하였고 병들었을 때와 옥에 갇혔
> 을 때에 돌보지 아니하였느니라 하시니 그들도 대답하여 이르되 주여 우리가 어
> 느 때에 주께서 주리신 것이나 목마르신 것이나 나그네 되신 것이나 헐벗으신 것
> 이나 병드신 것이나 옥에 갇히신 것을 보고 공양하지 아니하더이까 이에 임금이
> 대답하여 이르시되 내가 진실로 너희에게 이르노니 이 지극히 작은 자 하나에게
> 하지 아니한 것이 곧 내게 하지 아니한 것이니라 하시리니 그들은 영벌에, 의인들
> 은 영생에 들어가리라 하시니라"(마 25:41~46)

의로운 양 같은 지도자와 불의한 염소 같은 지도자를 어떻게 구별하느
냐 하는 문제는 이 성경 말씀을 이해하고 받아들이는 지도자의 인생관
과 양심에 달려 있다. 분명한 것은 크든 작든 모든 지도자는 하나님이
세워주셨기 때문에 의로운 지도자이신 예수 그리스도의 심판을 받는다
는 것을 믿고 있어야 한다.

05

사랑을 영농하는 지도자가 얻을 영광의 면류관

사람이 마땅히 우리를 그리스도의 일꾼이요 하나님의 비밀을 맡은 자로 여길 지어다 그리고 맡은 자들에게 구할 것은 충성이니라(고전 4:1~2).

영적 지도자는 악하게 변질되어가고 있는 세상에 진리와 생명의 빛을 발하는 하나님의 우주 성전 관리자다. 지도자는 사랑을 영농하시는 농부 하나님의 아들로서 역사의 주역을 맡아 하나님의 뜻을 이루어드리는 농부들이다.

성경은 하나님의 충성된 지도자들에게 "사랑하는 자여 네 영혼이 잘됨 같이 네가 범사에 잘되고 강건하기를 내가 간구하노라"(요삼 1:2)고 격려하며 지도자가 행하여야 할 역할과 방법을 제시하고 있다.

먼저 된 직분자인 지도자는 세상 사람들의 신뢰와 존경을 받으면서 겸손히 섬기는 자로서 하나님의 무한하신 복과 평안과 사랑을 전하는 충실한 종이 되어야 한다.

내게 주신 은혜로 말미암아 너희 각 사람에게 말하노니 마땅히 생각할 그 이상
의 생각을 품지 말고 오직 하나님께서 각 사람에게 나누어 주신 믿음의 분량대
로 지혜롭게 생각하라 우리가 한 몸에 많은 지체를 가졌으나 모든 지체가 같은
기능을 가진 것이 아니니 이와 같이 우리 많은 사람이 그리스도 안에서 한 몸이
되어 서로 지체가 되었느니라(롬 12:3~5).

성공하는 지도자를 위한 지혜와 교훈과 충고가 아무리 많다고 해도 자
신이 조직의 한 부분이라는 것을 잊지 말아야 한다. 혼자 결단하고 혼
자 결정을 해야 할 일에 파묻히기 쉬운 지도자가 조심해야 할 것이 있다.
너무 철저하고 여유가 없는 지도자는 자신조차 구속하는 독재의 틀에
묶어두고 조직 활동을 경직되게 만들 것이다. 유격이 없는 액셀러레이터
와 브레이크가 위험하듯이 너무 빈틈이 없는 지도력은 오히려 조직을 제
대로 작동하지 못하게 하는 경우가 있다. 사랑의 묘약으로 지도력의 윤
활유를 삼아야 한다. 사랑은 모든 허물을 덮어주고 온갖 시험이 닥쳐도
인내심을 갖고 해결하는 지혜를 줄 것이다.

너희 중에 있는 하나님의 양 무리를 치되 억지로 하지 말고 하나님의 뜻을 따라
자원함으로 하며 더러운 이득을 위하여 하지 말고 기꺼이 하며 맡은 자들에게 주
장하는 자세를 하지 말고 양 무리의 본이 되라 그리하면 목자장이 나타나실 때
에 시들지 아니하는 영광의 관을 얻으리라(벧전 5:2~4).

지도자는 조직 경영에 동참하는 사람들을 영적으로 인도하는 목자로서
왕 같은 권한을 갖고 있다. 아직 불완전하고 미숙한 조직 안에 있는 양
같은 사람들을 움직여야 한다. 지도자들은 그리스도의 리더십을 따르

며 사랑의 계명을 실천하는 본을 보여야 하고 공의를 행하고 사랑으로 일체감을 형성하고 봉사해야 한다.

온전하신 지도자 예수 그리스도를 따르는 방법은 말씀 안에서 구원의 십자가 도에 동참하는 것이다. 십자가의 도에는 화해, 화평, 통일, 사랑, 생명, 구원이라는 비밀이 숨겨져 있다. 십자가의 수직 기둥은 하나님과의 화해, 사랑, 구원을 수평의 나무틀은 생명과 통일 화평을 상징하고 있다. 그리스도의 십자가는 새 생명을 향하여 하나님께로 돌아가는 진실한 역사의 중대한 생명의 반환점의 표시다.

모든 지도자들은 그리스도의 십자가에 감춰진 사랑으로 통일을 하시는 하나님의 기업인 인간 역사의 비밀을 깨닫고 주어진 사명이 무엇인가 확인하고 충성해야 한다.

지도자들이여 생명의 빛을 발하라

01

하나님께 돌아가는 우주의 비밀에 참예하는 지도자

깊도다 하나님의 지혜와 지식의 풍성함이여, 그의 판단은 헤아리지 못할 것이며 그의 길은 찾지 못할 것이로다 누가 주의 마음을 알았느냐 누가 그의 모사가 되었느냐 누가 주께 먼저 드려서 갚으심을 받겠느냐 이는 만물이 주에게서 나오고 주로 말미암고 주에게로 돌아감이라 그에게 영광이 세세에 있을지어다 아멘(롬 11:33~36).

하나님의 질서 속의 우주 비밀

지도자가 꼭 알아야 할 큰 비밀이 있다. 그것은 우리가 살고 있는 우주의 실상이다. 우주 안에는 인간의 지식이나 지혜 또는 과학, 철학, 종교적인 능력으로는 알 수 없는 신비한 영의 능력이 충만하다.

광활하고 웅장하며 신비스러운 우주는 경이로운 영의 능력으로 만들어지고, 그 영의 힘에 감싸여 정확한 질서와 운동법칙에 따라 어떤 목적을 향해 생동하며 달려가고 있다.

성경은 앞으로만 달려가는 우주가 어떤 곳으로 돌아가고 있다고 이야기한다.

알파에서 오메가로 달려가는, 시간을 타고 존재하는 1,000억 개의 별 무리인 우주의 크기와 그 역사의 비밀 속에서 인간들은 왜 내가 존재하고 생존하는지에 대한 이유를 발견하고 그 해답을 찾으려고 노력해왔다. 하지만 이는 4차원을 넘어 7차원의 세계에서나 가능할 것이다.

인간 지도자는 그 엄청난 우주의 비밀에 접근하고픈 인간의 염원을 대표하는 사람이다. 생명으로 충만한 우주 안에서 내가 누구인지, 사랑은 무엇인지에 의문을 갖고 우주를 향하여 안타깝게 소리치고 있는 사람들을 위해 앞장서고 있는 것이다. 혹 어떤 지도자는 내 가족과 이웃을 위해 정치, 사업, 농사, 단체를 지도하고 과학과 산업과 철학을 연구하고 발전시키며 영원한 행복을 위해 애쓴다고 주장한다. 지도자가 만일 인생이 단회적이며 죽음으로 사라지고 만다고 생각한다면 너무나 허무해서 살아갈 용기가 없어지고 조직을 경영하지 못할 것이다.

하지만 성경은 우주 만물이 영원히 존재하며 인간도 죽음을 통해 새 생명을 얻게 된다고 확실하게 증언하고 있다. 영이신 하나님의 말씀이 우주의 본질이 되어 우주 경영의 원동력이 되고 있는 것이다. 이 우주가 분명하게 하나님께로부터 나와서 하나님께로 돌아간다는 것은 형이상학적 존재라고 자인하고 있는 인간의 유물론적 두뇌의 소산이나 유심론적인 사고력, 철학적인 정신력으로는 이해하고 납득할 수 없는 신비한 비밀이다.

우상을 섬기는 세상 사람들도 돌아가는 진리의 역사와 그 섭리에 따른 자연의 이치에 대해 조금은 눈치 채고 있다. 그들은 사람이 죽으면 그 영혼은 어디인지 모를 곳이나 북망산으로 돌아갔다고 말한다. 또 체계적인 불교와 유교에서도 생명의 시작과 끝을 통한 극락과 지옥이 있다는 교리를 갖고 있다. 무신론자들도 죽으면 귀신이 된다고 인정을 하고 귀신을 대접하는 제사를 지내고 있다.

하나님은 신비로운 우주 안에 특별하게 신기한 영의 능력과 혼이라고 하는 정신력과 영혼을 담는 육체를 가진 생명적인 인간을 만드셨다. 하나님은 인간에게 자유의지라는 엄청난 능력을 주시고 우주를 지배하는 관리자로 삼으셨다.

하나님께서는 인간에게 생육하고 번성하며 땅을 정복하라고 하셨으나 불순종의 죄를 짓자 그 능력을 회수하고 추방하셨다. "네가 얼굴에 땀이 흘러야 식물을 먹고 필경은 흙으로 돌아가리니 그 속에서 네가 취함을 입었음이라 너는 흙이니 흙으로 돌아갈 것이니라"(창3:19)는 우주적인 처분을 내리신 것이다.

> 오라 우리가 여호와께로 돌아가자 여호와께서 우리를 찢으셨으나 도로 낫게 하실 것이요 우리를 치셨으나 싸매어 주실 것임이라 여호와께서 이틀 후에 우리를 살리시며 셋째 날에 우리를 일으키시리니 우리가 그의 앞에서 살리라 그러므로 우리가 여호와를 알자 힘써 여호와를 알자 그의 나타나심은 새벽 빛 같이 어김 없나니 비와 같이, 땅을 적시는 늦은 비와 같이 우리에게 임하시리라 하니라(호 6:1~3).

하나님은 예수 그리스도의 세계를 열어주시고 죄를 용서하시며 참생명을 얻기 위해 하나님께로 돌아갈 길을 열어주셨다. 이 신비로운 죽음을 생명으로 변화시키는 섭리는 인간들이 하나님께로 돌아가는 역사를 성령 안에서 체험하게 하시는 영농의 섭리이다.

하나님께 돌아갈 수 있다는 믿음은 하나님과 사랑으로 다시 하나가 되는 소망을 갖게 한다. 모든 인간의 조직도 하나님에 의해 돌아가는 진실한 역사 안에서 존재의 가치를 발견해야 한다. 지도자는 역사의 흐름을 무시하고 인생을 경영할 수 없다는 것을 마음에 새기고 시대의 부름에 따라야 한다.

> 여호와의 인자하심과 인생에게 행하신 기적으로 말미암아 그를 찬송할지로다
> (시 107:31).

하나님이 하시는 일은 진실하고 의로우며 확실하다. 우매한 인간들은 하나님께서 하시는 신비하고 놀라운 많은 일들을 이해하지 못하기 때문에 기적이라고 말한다. 하나님께서 사랑으로 죄 많은 인간을 구원해 주시는 것은 큰 기적이며 은혜다. 기적은 큰 구원에 이르는 통로다.

지도자는 인류를 큰 구원으로 인도할 책임이 있다. 지도자는 큰 구원에 이르는 길이 되시는 예수 그리스도의 제자로 헌신하며 기적을 베푸시는 보혜사 성령님을 의지해야 한다.

지도자에게 주시는 하나님의 능력

하나님을 경배한다고 사자굴에 던져진 다니엘은 하나님의 놀라운 기적을 체험했다. 다니엘은 "지극히 높으신 하나님이 내게 행하신 이적과 놀라운 일을 내가 알게 하기를 즐겨 하노라 참으로 크도다 그의 이적이여, 참으로 능하도다 그의 놀라운 일이여, 그의 나라는 영원한 나라요 그의 통치는 대대에 이르리로다"(단 4:2~3)라며 감사의 찬송을 드렸다.

하나님이 주시는 이적과 기적은 오늘날 우리 지도자들에게도 베풀어지고 있다. 그 기적의 연속을 일하는 중에 깨닫고 체험하는 지도자는 축복받은 사람이다.

> 그의 기적을 사람이 기억하게 하셨으니 여호와는 은혜로우시고 자비로우시도다 여호와께서 자기를 경외하는 자들에게 양식을 주시며 그의 언약을 영원히 기억하시리로다 그가 그들에게 뭇 나라의 기업을 주사 그가 행하시는 일의 능력을 그들에게 알리셨도다 그의 손이 하는 일은 진실과 정의이며 그의 법도는 다 확실하니 영원무궁토록 정하신 바요 진실과 정의로 행하신 바로다(시 111:4∼8).

성경은 자비로우신 하나님께서 상식을 넘는 일을 할 능력을 지도자들에게도 나누어주신다고 보증하고 있다.

지도자에게는 성령 안에서 초인간적인 기적과 이적의 일을 할 수 있는 길이 열려 있는 것이다. 많은 지도자들은 업무 수행 중에 계획했던 것보다 예상외로 좋은 성과를 얻었다거나 생각지 못한 낭패를 당하는 일을 겪고 그것을 기적과 같다고 말한다.

지도자가 만나는 많은 기회들은 기적을 만나게 한다. 지도자의 능력은 얼마나 많은 기회를 기적으로 전환시켰느냐 하는 업적으로 가늠할 수도 있다.

> 이는 그가 모든 지혜와 총명을 우리에게 넘치게 하사 그 뜻의 비밀을 우리에게 알리신 것이요 그의 기뻐하심을 따라 그리스도 안에서 때가 찬 경륜을 위하여 예정하신 것이니 하늘에 있는 것이나 땅에 있는 것이 다 그리스도 안에서 통일되게 하려 하심이라 모든 일을 그의 뜻의 결정대로 일하시는 이의 계획을 따라 우리가 예

정을 입어 그 안에서 기업이 되었으니 이는 우리가 그리스도 안에서 전부터 바라
던 그의 영광의 찬송이 되게 하려 하심이라 그 안에서 너희도 진리의 말씀 곧 너
희의 구원의 복음을 듣고 그 안에서 또한 믿어 약속의 성령으로 인치심을 받았으
니 이는 우리 기업의 보증이 되사 그 얻으신 것을 속량하시고 그의 영광을 찬송
하게 하려 하심이라(엡 1:8~14).

하나님의 뜻은 온 세상을 사랑으로 하나가 되도록 통일하시는 것이
다. 이 섭리는 만세전에 예정하신 것이며 그리스도의 세계를 통해 성취해
나가고 있는 것이다. 기적으로 행하시는 통일은 죽음에서 생명으로, 죄
에서 의로움으로, 미움에서 사랑으로, 갈등에서 화합으로, 고통에서 평
안을 이루어주시는 진리다.

우주 창조만큼 큰 이적인 통일의 비밀에 대해 성경은 나그네처럼 살
다가 그리스도의 복음을 믿고 구원받은 성도뿐만 아니라 하나님을 믿
지 않는 우상숭배자나 철학자, 불신자들도 다 이 세상을 사랑하시는
하나님의 구원의 초청을 받고 있다고 밝히고 있다.

이 세상의 모든 지도자는 하나님의 일을 하는 자격과 능력을 갖고 있
다. 영적·육적으로 분류하고 수행하는 목적과 모양이 다르게 보이지만
그 결국은 같은 것이다. 영적 지도자는 하나님의 영광을 위하여 그 뜻에
순종하고 말씀에 의지하며 조직을 이끌어간다. 하지만 세상 지도자들
은 자신의 자유의지로 조직을 만들고 자신의 생각에 뿌리를 둔 목표를
향하여 사람들을 이끌어간다. 하나님의 일을 하는 영적 교회의 조직이
나 세상 사람들의 사는 모습인 육적인 사회 조직이 가는 종착역은 다 그
리스도께서 심판하시는 장소이다. 그것은 만물이 하나님께로부터 나와
서 하나님께로 돌아간다는 진리에 따라 그 업적에 의한 수확에 맞는 심

판을 통해 우주적인 천국과 지옥의 판결을 받는다는 것이다.

하나님의 법, 죄의 법

성경은 사회적 무리의 법칙에 따라 지도자가 된 사람들에게 자신의 의지와 능력으로 지도자가 되었다고 생각하지 말라고 권고하고 있다. 그것은 예정하신 하나님의 뜻으로 세워지고 구원의 경륜에 따라 통일을 위한 기업의 한 부분들이라고 귀띔을 해주고 있다. 사람들은 흔히 민족과 나라의 지도자와 큰 부자인 재벌들은 하늘의 부르심을 받은 사람들이라고 말한다. 하지만 세상의 작고 보잘것없는 지도자들도 그 부르심의 직무 능력과 의무와 책임은 같다. 하나님은 왜 이 세상이라는 기업을 영과 육으로 섭리하고 계시는지 의문이 생기지만 역사의 결국은 모두 한 곳으로 향하도록 되어 있다. 영과 육의 지도자는 자신이 인지하거나 모르거나 상관없이 모두 하나님의 부르심을 받아 주역들이 되고 있는 것이다.

인간은 하나님의 법을 떠나 죄의 법인 이 세상에서 살아가고 있다. 예수 그리스도의 법에 따라 법적 효력을 집행하는 영적 지도자들에게는 또 하나의 사명이 있다. 그것은 하나님의 법을 잘 알지 못하고 죄의 법 아래 신음하며 불신자라는 오명을 쓰고 있는 세상 지도자를 진리의 의롭고 올바른 길로 인도하는 것이다. 영적 생명의 법 아래로 초청하여 하나님의 뜻 안에서 하나를 이루고 기업의 완성에 동참할 수 있는 기회를 제공해야 한다. 그들은 아직도 하나님께 생명의 빚을 지고 방황하고 있기 때문이다.

그러므로 형제들아 우리가 빚진 자로되 육신에게 져서 육신대로 살 것이 아니니라 너희가 육신대로 살면 반드시 죽을 것이로되 영으로써 몸의 행실을 죽이면 살리니 무릇 하나님의 영으로 인도함을 받는 사람은 곧 하나님의 아들이라 너희는 다시 무서워하는 종의 영을 받지 아니하고 양자의 영을 받았으므로 우리가 아빠 아버지라고 부르짖느니라 성령이 친히 우리의 영과 더불어 우리가 하나님의 자녀인 것을 증언하시나니 자녀이면 또한 상속자 곧 하나님의 상속자요 그리스도와 함께 한 상속자니 우리가 그와 함께 영광을 받기 위하여 고난도 함께 받아야 할 것이니라(롬 8:12~17).

하나님의 인치심을 받은 영적 지도자들은 세상 지도자들이 속히 하나님을 아버지라고 부르며 우주의 상속자의 자리로 돌아와 사명을 다하도록 도와줄 책임이 있다.

성경은 "너희가 전에는 어둠이더니 이제는 주 안에서 빛이라 빛의 자녀들처럼 행하라 빛의 열매는 모든 착함과 의로움과 진실함에 있느니라(엡 5:8~9)"라고 말하고 있다. 빛을 잃고 헤매며 성경의 교훈을 거부하고 있는 세상 지도자와 철학자, 우상숭배자들이 그리스도의 빛으로 진리의 생명을 얻을 수 있도록 도우라고 강조하고 있는 것이다.

누구나 맞이할 생사의 갈림길에서 진리를 목마르게 찾아 헤매는 세상 지도자들에게 "너희는 유혹의 욕심을 따라 썩어져 가는 구습을 따르는 옛 사람을 벗어 버리고 오직 너희의 심령이 새롭게 되어 하나님을 따라 의와 진리의 거룩함으로 지으심을 받은 새 사람을 입으라 그런즉 거짓을 버리고 각각 그 이웃과 더불어 참된 것을 말하라 이는 우리가 서로 지체가 됨이라"(엡 4:22~25)라고 알려주어 마귀의 계략에서 벗어나 생명의 길을 함께 가자고 충고해야 한다.

영과 육의 지도자가 성령과 말씀 안에서 하나가 되면 그때는 다 같은 하나님의 자녀가 되어 생각하는 것이나 행동으로 나타는 모습이 같아진다. 조직 경영의 목적이 동일하며 사명을 감당하는 능력이 충만해질 것이다. 그리고 통일을 이루시는 역사의 뜻에 순종하며 역사를 이끄는 즐거움에 감사하게 될 것이다.

02
만인제사장의 시대

그러나 너희는 택하신 족속이요 왕 같은 제사장들이요 거룩한 나라요 그의 소
유가 된 백성이니 이는 너희를 어두운 데서 불러 내어 그의 기이한 빛에 들어
가게 하신 이의 아름다운 덕을 선포하게 하려 하심이라(벧전 2:9).

하나님께서는 아들이며 상속자가 된 인간들에게 왕 같은 지도자 직분
과 하나님의 영광을 위한 제사장 직분을 주셨다. 이 세상의 모든 지도자
들은 알게 모르게 우주적인 막중하고도 귀한 직책을 맡고 있는 것이다.
이 직책은 세상의 왕이나 대통령과 비교할 수 없는 권한과 책임이 있는
자리로서 우주 안의 별 고을들을 여러 개씩 맡아 다스리는 자리이다.

신학의 바탕이 미약하고 믿음의 분량이 미숙한 모든 성도들이 어떻
게 그런 높은 자리에 올라 막중한 사명을 수행할 수 있느냐고 겁을 먹
을 수 있지만 예수 그리스도께서는 구원과 함께 기이한 능력을 충분히
주셨다.

모든 통치와 권세와 능력과 주권과 이 세상뿐 아니라 오는 세상에 일컫는 모든
이름 위에 뛰어나게 하시고 또 만물을 그의 발 아래에 복종하게 하시고 그를 만

물 위에 교회의 머리로 삼으셨느니라 교회는 그의 몸이니 만물 안에서 만물을 충
만하게 하시는 이의 충만함이니라(엡 1:21~23).

신비하고 광활한 우주는 하나님이 계시는 성전이며 그 성전을 맡은 제
사장 인간도 하나님의 성전이다. 예수 그리스도는 구원하실 인간과 하
나가 되시기 위해 교회를 세우시고 교회 안에 충만하시면서 성도들을 교
회의 지체로 삼으셨다. 그러므로 모든 지도자는 우주 교회에서 생명의
목적을 위해 일하는 지체들이다.

성경은 교회와 지체인 인간의 관계에 대해 "영원부터 만물을 창조하
신 하나님 속에 감추어졌던 비밀의 경륜이 어떠한 것을 드러내게 하려
하심이라 이는 이제 교회로 말미암아 하늘에서 있는 통치자들과 권세들
에게 하나님의 각종 지혜를 알게 하려 하심이니 곧 영원부터 우리 주 그
리스도 예수 안에서 예정하신 뜻대로 하신 것이라"(엡 3:9~12)고 설명하고
있다. 이 세상의 모든 영육의 지도자는 어떤 조직을 경영하고 있든지 우
주 성전 안에서 펼쳐지고 있는 인간 기업의 지체 노릇을 각기 하고 있는
것이다. 그것은 모든 사람이 하나님의 뜻에 따라 태어나고 어떤 모습으
로든 살다가 죽어야 하는 법에 매여 있는 것과 같은 이치다.

이와 같이 성령도 우리의 연약함을 도우시나니 우리는 마땅히 기도할 바를 알지
못하나 오직 성령이 말할 수 없는 탄식으로 우리를 위하여 친히 간구하시느니라
마음을 살피시는 이가 성령의 생각을 아시나니 이는 성령이 하나님의 뜻대로 성
도를 위하여 간구하심이니라 우리가 알거니와 하나님을 사랑하는 자 곧 그의 뜻
대로 부르심을 입은 자들에게는 모든 것이 합력하여 선을 이루느니라(롬
8:26~28).

육적 사회에서 활동하는 모든 지도자들은 자신이 그리스도의 세계 안에서 지체 역할을 하기 위해 하나님의 부르심을 받았다는 사실을 깨달아야 한다. 또 선지자의 사명이 겸직되어 있고 사회를 이끄는 인도자라는 것을 자각해야 한다. 하지만 먼저 자신의 신앙을 확실하게 바로 세워야만 하는 전제 조건에 순응해야 한다. 그리고 모든 사람들에게 기회 있을 때마다 세상의 종말을 경고하고 구원을 받을 때가 되었다고 경고하며 회개를 촉구해야 한다.

03

한국 지도자에게 주어진 사명

일어나라 빛을 발하라 이는 네 빛이 이르렀고 여호와의 영광이 네 위에 임하였음이니라 보라 어둠이 땅을 덮을 것이며 캄캄함이 만민을 가리려니와 오직 여호와께서 네 위에 임하실 것이며 그의 영광이 네 위에 나타나리니 나라들은 네 빛으로, 왕들은 비치는 네 광명으로 나아오리라(사 60:1~3).

하나님은 이 세상의 모든 지도자에게 생명과 진리의 참된 빛을 비추라고 명령하셨다. 성경은 이 명령이 하나님을 믿는 선택받은 특정한 사람에게만 주는 명령이 아니고 만민에게 요구하신다고 강조하고 있다.

태양빛이 생물들에게 생명의 원천이 되듯이 하나님의 빛은 죄와 죽음을 치료하는 영원한 생명이다. 하나님은 진리의 빛을 그리스도로 말미암아 세상에 주시고 참된 빛으로 나오라고 부르고 계신다.

모든 인간들은 해가 뜨고 지는 자연법칙 아래서 살아가고 있지만 그 어두운 역사를 초월하는 신비한 생명적인 빛 안에서 살아가기 위해 최선을 다하라는 것이다. 어두움의 종착역에서 참빛을 만나 예수 그리스도의 심판을 준비하고 소망하는 하나님의 사랑을 바라라고 권고한다.

우리 주 예수 그리스도의 하나님, 영광의 아버지께서 지혜와 계시의 영을 너희에게 주사 하나님을 알게 하시고 너희 마음의 눈을 밝히사 그의 부르심의 소망이 무엇이며 성도 안에서 그 기업의 영광의 풍성함이 무엇이며 그의 힘의 위력으로 역사하심을 따라 믿는 우리에게 베푸신 능력의 지극히 크심이 어떠한 것을 너희로 알게 하시기를 구하노라(엡 1:17~19).

빛의 사명이 한국 기독교 지도자에게 주어졌다. 혹자는 성경 어디에 그런 말이 있느냐고 반문할 것이다. 우리는 이스라엘 사람들이 미세한 하나님의 음성을 듣고 또 환경적 깨달음으로 선택받았다는 것을 확인하고 있는 것처럼 성령의 영감과 성경 안에 감춰진 비밀을 통해 알 수 있다.

당초 하나님은 이스라엘 민족을 택하시고 아브라함에게 하신 언약의 족보에 따라 예수 그리스도의 세계를 섭리하셨다.

때가 찬 경륜에 따라 오신 구세주 예수 그리스도께서 십자가 위에서 죽으실 때 이스라엘 민족은 인간 구원의 제물이 되신 예수 그리스도를 십자가에 못 박아 죽이는 역할을 자진하며 예수를 배척함으로써 그 역사적 사명이 끝나고 말았다.

오직 성령이 너희에게 임하시면 너희가 권능을 받고 예루살렘과 온 유대와 사마리아와 땅 끝까지 이르러 내 증인이 되리라 하시니라(행 1:8).

이스라엘 민족이 지켜내지 못하고 무너진 옛 예루살렘 성에서부터 유다를 지나 몽골과 중국 등 사마리아를 거쳐 땅 끝에 있는 동방의 한국 민족에게 그리스도의 복음이 전해졌다. 하나님은 동쪽 끝의 작은 나라 한 민족을 택하시고 이스라엘 민족이 못다 한 사명을 감당하게 하셨다.

우리 민족은 세계가 놀랄 만한 영적 부흥을 했고 전국 곳곳에 십자가가 빛을 발하는 교회를 세우고 온 누리에 선교사를 파송하며 그리스도의 복음을 전파하고 있다.

이스라엘 민족이 예수 그리스도를 외면하고 자신들만의 성경인 구약을 붙잡고 유대교의 울타리 안에서 중동의 이슬람권 국가들과 피비린내 나는 싸움을 벌이며 하나님의 복음 전도를 망각하고 있는 사이에 하나님은 한국 교회를 유용하게 사용하고 계시는 것이다.

이제 한국의 모든 지도자들은 다 그리스도의 제자가 되어 하나님의 진리와 생명의 빛을 온 세상에 비추는 중대한 사명을 감당해야 한다.

당초 이스라엘 민족을 택하셨다가 다시 동방의 한국을 부르신 하나님의 뜻이 무엇인지 성경과 그리스도의 법에서 찾아보아야 한다.

성경에는 동서남북 가운데 유독 동방, 동쪽 지방과 나라에 관심을 가진 말씀이 많이 기록되어 있다. 왜 성경은 동방에 대해 관심이 많을까? 하나님의 창조 섭리가 지리적으로 동방이나 동쪽에 관심을 가진다는 것일까? 아니면 영적 표현을 위해 동방을 지목하고 있는 것일까? 세상의 중심지로 인식하는 에덴동산의 동방과 옛 예루살렘 성의 동쪽에 주목을 하고 또 동방의 땅 끝 나라에 새 예루살렘성이 건설되기를 원하는 계시가 넘쳐나고 있는 것은 그리스도의 구원의 섭리와 깊은 관계가 있는 것으로 보인다.

하나님은 창조 마지막에 인간을 위해 동방의 에덴에 동산을 창설하시고 우주 만물을 맡아 다스리게 하셨다(창 2:7~9).

하나님께 죄를 지은 첫 사람 아담을 에덴의 동산에서 추방하실 때 에덴의 동편에

화염검을 두고 생명나무의 길을 지키게 하셨다(창 3:22~24).

하나님 앞을 떠난 아담의 후손 가인과 아벨은 에덴 동편 놋 땅에 거하게 되었다
(창 4:16).

오랜 세월이 흐르며 노아의 홍수 사건 다음 사람들은 동방으로 옮겨가다가 시
날 평지(바벨)에 정착하면서 교만한 마음으로 바벨탑을 쌓고 우리 이름을 내고
온 지면에 흩어짐을 면하자 했다가 하나님의 징계를 받아 오히려 언어 혼잡과
흩어지는 비극을 맞이했다(창 11:3~9).

믿음의 조상 아브라함은 늙도록 자식이 없는 것을 고민하다가 아내 사라의 몸
종 애굽 여자 하갈을 첩으로 들이고 서자 이스마엘을 얻었다. 이스마엘은 들나
귀같이 되어 모든 사람을 치며 모든 형제의 동방에서 살게 되었다(창
16:11~12).

선지자 에스겔은 동쪽 동향한 동문 동편에서 하나님의 영광을 보았다. 또 에스
겔 선지자는 하나님께 드리는 제사법의 규례와 동향한 문의 중요함을 알았다(겔
46:1~4).

에스겔 선지자는 동방 나라에서 태양을 우상으로 숭배하는 것을 보았다(겔
8:16).

에스겔 선지자는 동방으로 흐르던 물(하나님의 말씀과 사랑)이 온 세상을 향하
여 치료하는 약이 되어 흐르고 생명수가 세상을 생성시킬 것이라고 예언했다(겔

47:8~12).

선지자 이사야는 동방에서 하나님을 영화롭게 할 것이라고 예언했다.

> "세계 민족 중에 이러한 일이 있으리니 곧 감람나무를 흔듦 같고 포도를 거둔 후
> 에 그 남은 것을 주움 같을 것이니라 무리가 소리를 높여 부를 것이며 여호와의
> 위엄으로 말미암아 바다에서부터 크게 외치리니 그러므로 너희가 동방에서 여호
> 와를 영화롭게 하며 바다 모든 섬에서 이스라엘 하나님 여호와의 이름을 영화롭
> 게 할 것이라"(사 24:13~15).

그리스도의 복음이 전 세계로 울려 퍼지고 구원받은 성도들이 동방에서
기쁨의 찬송으로 하나님을 영화롭게 할 것이라고 예언했다.

또한 이사야 선지자는 동방에서 충성된 그리스도의 복음 전도자가
나올 것이라고 예언했다.

> "섬들아 내 앞에 잠잠하라 민족들아 힘을 새롭게 하라 가까이 나아오라 그리고
> 말하라 우리가 서로 재판 자리에 가까이 나아가자 누가 동방에서 사람을 일깨
> 워서 공의로 그를 불러 자기 발 앞에 이르게 하였느냐 열국을 그의 앞에 넘겨주
> 며 그가 왕들을 다스리게 하되 그들이 그의 칼에 티끌 같게, 그의 활에 불리는 초
> 개같게 하매 그가 그들을 쫓아가서 그의 발로 가 보지 못한 길을 안전히 지났나
> 니 이 일을 누가 행하였느냐 누가 이루었느냐 누가 처음부터 만대를 불러내었느
> 냐 나 여호와라 처음에도 나요 나중 있을 자에게도 내가 곧 그니라"(사
> 41:1~4).

동방에서 하나님은 멋진 일꾼을 일으키시고 하나님의 베푸시는 기적으로 온 누리의 우상을 타파하며 그리스도의 복음을 전파하는 일을 감당하게 하실 것이라고 예언했다.

이사야 선지자는 하나님의 영원하심을 선포하며 독수리처럼 생동하는 우주 경영의 진리를 알려준다.

> "너희는 옛적 일을 기억하라 나는 하나님이라 나 외에 다른 이가 없느니라 나는 하나님이라 나 같은 이가 없느니라 내가 시초부터 종말을 알리며 아직 이루지 아니한 일을 옛적부터 보이고 이르기를 나의 뜻이 설 것이니 내가 나의 모든 기뻐하는 것을 이루리라 하였노라 내가 동쪽에서 사나운 날짐승을 부르며 먼 나라에서 나의 뜻을 이룰 사람을 부를 것이라 내가 말하였은즉 반드시 이룰 것이요 계획하였은즉 반드시 시행하리라"(사 46:9~11).

스가랴 선지자는 거룩한 성 예루살렘에 거하는 성도의 구원에 대하여 알려주었다.

> "만군의 여호와가 이같이 말하노라 보라, 내가 내 백성을 해가 뜨는 땅과 해가 지는 땅에서부터 구원하여 내고 인도하여다가 예루살렘 가운데에 거주하게 하리니 그들은 내 백성이 되고 나는 진리와 공의로 그들의 하나님이 되리라 만군의 여호와가 이같이 말하노라 만군의 여호와의 집 곧 성전을 건축하려고 그 지대를 쌓던 날에 있었던 선지자들의 입의 말을 이 날에 듣는 너희는 손을 견고히 할지어다(슥 8:7~13).

동방박사가 예수 그리스도의 탄생을 경축하려고 예루살렘을 찾아

왔다.

> "헤롯 왕 때에 예수께서 유대 베들레헴에서 나시매 동방으로부터 박사들이 예루 살렘에 이르러 말하되 점성가들이 유대인의 왕으로 나신 이가 어디 계시냐 우리 가 동방에서 그의 별을 보고 그에게 경배하러 왔노라 하니 헤롯 왕과 온 예루살 렘이 듣고 소동한지라"(마 2:1~3).

예루살렘의 동방에 있는 아시아 국가인 인도, 중국, 몽골 등은 불교, 힌 두교, 라마교, 유교와 이름 모를 토속 신앙을 섬기는 우상 숭배의 나라 들이다. 에덴동산의 동쪽에 있는 우상 숭배의 나라들을 넘어 유럽과 아 시아 대륙의 동방 땅 끝에 있는 한국은 스스로 우상을 만들지 아니한 나 라로서 외국에서 전해온 불교 등 우상을 숭배하는 나라였다. 하지만 때 가 찬 경륜에 따라 동방에 있는 그 어떤 나라들보다 열심히 그리스도를 영접하고 진심으로 하나님을 믿는 민족이 되었다.

중동 팔레스타인에 있는 옛 예루살렘 성에서 볼 때 땅 끝은 아시아의 변두리 해변에 위치한 반도 국가 한국임이 분명하다. 그리스도의 복음 이 땅 끝인 한국에 와서 예수 그리스도의 진리의 꽃을 활짝 피우고 아름 다운 성령의 열매를 맺으며 온 누리에 전파되고 있다.

이제 한국은 일본, 중국 등 우상 숭배 나라를 기독교 국가로 변화시 키고 오실 신랑 그리스도를 고대해야 할 때가 되었다. 한국의 영적 지도 자들은 성령의 인도하심을 받아 새 이스라엘 성을 재건하고 세계의 기독 교 종주국의 제사장이 되어 심판하러 오실 그리스도를 맞이하는 선지자 의 사명을 감당해야 한다.

시간과 역사의 주가 되시는 예수 그리스도께서 태어나신 날부터 세계의 달력이 서기라는 연호로 표기되어 사용되고 또 세계지도가 예수께서 탄생하신 땅을 중심으로 서양과 동양으로 분리되었다. 그리고 이스라엘이 동양에 속하게 하신 하나님의 섭리를 이해하여야 한다. 그리스도의 복음이 동방에서 빛으로 나타나게 하시고 새 하나님의 나라를 향하여 진행되고 있는 섭리를 암시하고 있기 때문이다. 성경은 그리스도의 복음 전도자는 인간 신부를 신랑 예수 그리스도께 중매하는 사람이라고 설명하고 있다. 동방의 작은 나라 한국의 모든 지도자들은 교회 지체로서의 사명을 겸비하고 온 누리에 그리스도를 소개하고 믿음으로 하나가 되도록 사역하는 중책이 주어져 있다는 것을 명심해야 한다.

04
거룩한 성 새 예루살렘을 건설하라

> 마치 청년이 처녀와 결혼함 같이 네 아들들이 너를 취하겠고 신랑이 신부를 기
> 뻐함 같이 네 하나님이 너를 기뻐하시리라 예루살렘이여 내가 너의 성벽 위에
> 파수꾼을 세우고 그들로 하여금 주야로 계속 잠잠하지 않게 하였느니라 ……
> 사람들이 너를 일컬어 거룩한 백성이라 여호와께서 구속하신 자라 하겠고 또
> 너를 일컬어 찾은 바 된 자요 버림 받지 아니한 성읍이라 하리라(사 62:5~12).

이스라엘 민족은 아직도 옛 예루살렘 성을 되찾으려고 중동 지역을 전쟁
의 화약고로 만들고 있다. 예수 그리스도가 아닌 자신들 마음에 드는
구세주를 막연하게 고대하고 있다. 하지만 그리스도의 세계 안에서 새
이스라엘이 된 지도자들은 하나님의 혼인 잔치의 장소로 마련될 새 예루
살렘 성을 건설하고 신랑 예수를 맞이할 준비를 해야 한다.

　하나님의 사랑과 예수 그리스도의 구원의 은혜를 외면한 채 세계 대
전으로 치닫게 할 위험한 전쟁과 테러 놀음에 빠져 있는 그릇된 사람들
에게 진실한 역사를 바라보고 생명의 소중함을 알도록 일깨워주어야 한
다. 한국의 지도자들은 모든 사람들에게 믿음의 결국이 예수 그리스도
게 있다는 진리와 생명의 소망을 향한 하나님의 씨 뿌리는 우주 경영 법
칙에 따른 영농의 비밀을 알려주고, 참다운 사람으로 하나님과 화해하

는 법을 가르쳐주어야 한다.

거룩한 도성 옛 예루살렘 성은 기독교, 유대교, 이슬람교의 성지 쟁탈전의 발원지로서 중동의 화약고가 되고 있다.

예루살렘 성은 BC 1000년경 이스라엘 왕 솔로몬이 팔레스타인의 모리아 산에 여호와를 모시는 성전으로 건축했다. 예루살렘 성은 그의 부친 다윗이 계획하고 건축 자료들을 준비했으나 여러 범죄 행위로 말미암아 하나님이 허락하시지 않아 솔로몬 왕 때 완성되었다. 예루살렘 성은 이스라엘 사람들에게는 세계의 중심에 세워진 거룩한 도성이며 하나님의 언약궤를 모신 곳으로 신앙의 구심점이었다.

예루살렘 성은 이스라엘 왕국의 분열 후 남유다의 수도가 되었지만 BC 587년 바벨론 왕 느부갓네살에 의해 멸망했고 BC 538년 바사 왕 고레스에 의해 해방된 이스라엘 사람들에 의해 재건되었다.

그 후 예루살렘 성은 AD 63년 로마의 악정에 항거하는 이스라엘 민중을 진압하던 디도 장군에 의해 함락되어 멸망하고 팔레스타인 지역은 로마에 합병되고 말았다.

예루살렘 성은 예수 그리스도께서 활동하신 주요 무대가 되기도 했다. 십자가에서 죽으시고 부활 승천하신 곳이기도 하다. 성령 강림과 함께 초대교회가 세워지고 그리스도의 복음이 온 누리로 전파되는 복음의 시발점이 되었다.

하지만 이슬람교의 창시자 무함마드가 예루살렘에서 승천했다는 이유로 메카, 메디나에 이어 제3의 성지가 되고 또 본래의 주인이라고 자처하는 유대교와 이 세상을 구원하시는 예수 그리스도를 믿는 기독교 등 3대 종교가 서로 탈환하려는 성지가 되어 몸살을 앓고 있다.

> 이기는 자는 내 하나님 성전에 기둥이 되게 하리니 그가 결코 다시 나가지 아니하리라 내가 하나님의 이름과 하나님의 성 곧 하늘에서 내 하나님께로부터 내려오는 새 예루살렘의 이름과 나의 새 이름을 그이 위에 기록하리라(계 3:12).

사도 요한은 "성령으로 나를 데리고 크고 높은 산으로 올라가 하나님께로부터 하늘에서 내려오는 거룩한 성 예루살렘을 보이니"(계 21:10)라고 했다. 하나님이 세워주시는 새 천국의 환상을 본 것이다.

아직 그 도성에 가야 할 길이 먼 우리는 이 땅 위에 영적인 새 예루살렘 성을 건설하고 하늘에 기록된 장자들의 모임의 중심이 되고 신부가 남편을 위하여 단장한 것 같은 교회의 본산을 만들고 오실 예수 그리스도를 기다려야 한다(계 12:22; 21:2).

성경은 전쟁의 불씨가 된 옛 예루살렘 성을 파괴된 채로 놔두고 새 예루살렘 성을 건축하라고 명령하고 있다. 이제 성령의 감화를 받아 성경의 계시를 영감으로 따르는 한국 민족은 새 예루살렘 성 재건에 나서야 할 때를 맞이했다. 하지만 왜 하나님은 동방의 작은 반도 국가 한국에서 세상이 놀랄 만한 위대한 일을 하라고 하셨을까 하고 의문을 제기할 사람들이 있을 것이다.

하나님께서는 사막에서 떠돌던 유목민족 이스라엘을 강압적으로 선택하여 광야에서 믿음의 훈련을 하시고 메시아 혈통을 계승하여 예수 그리스도를 보내어 인간 구원을 현실화하셨던 것처럼 새 예루살렘을 열악한 동방의 나라에서 펼치실 것이다. 우리는 성경의 예언대로 오신 그리스도를 알아보지 못하고 이단자로 몰아 죽게 한 이스라엘 민족을 대신하여 한국을 부르신 하나님의 섭리를 깨달아야 한다. 이스라엘 민족이 예수 그리스도를 배척하고 십자가에 달아 죽이며 그 사명을 감당하지 못하자 구원의 새 시대를 열어주신 것이다.

새 이스라엘로 접붙임을 받은 우리 민족

> 그런즉 누구든지 그리스도 안에 있으면 새로운 피조물이라 이전 것은 지나갔으니 보라 새 것이 되었도다 모든 것이 하나님께로서 났으며 그가 그리스도로 말미암아 우리를 자기와 화목하게 하시고 또 우리에게 화목하게 하는 직분을 주셨으니(고후 5:17~19).

한국 교회의 모든 지도자들은 그리스도의 복음을 전파하는 일꾼으로 부르심을 받았다. 성경은 그래도 의심하는 사람들을 위해 "하나님이 죄를 알지도 못하신 이를 우리를 대신하여 죄로 삼으신 것은 우리로 하여금 그 안에서 하나님의 의가 되게 하려 하심이라"(고후 5:21)고 말해주고 있다.

한국 민족을 새 이스라엘로 부르신 하나님의 축복은 창조에 버금가는 기적이라고 여겨질 정도로 경이로운 섭리다.

> 또한 가지 얼마가 꺾이었는데 돌감람나무인 네가 그들 중에 접붙임이 되어 참감람나무 뿌리의 진액을 함께 받는 자가 되었은즉 그 가지들을 향하여 자랑하지

말라 자랑할지라도 네가 뿌리를 보전하는 것이 아니요 뿌리가 너를 보전하는 것
이니라 그러면 네 말이 가지들이 꺾인 것은 나로 접붙임을 받게 하려 함이라 하리
니 옳도다 그들은 믿지 아니하므로 꺾이고 너는 믿으므로 섰느니라 높은 마음
을 품지 말고 도리어 두려워하라(롬 11:17~20).

하나님께서 신비한 능력으로 영농하시는 접붙임의 효력에 대한 비밀은
온 누리의 모든 사람들에게 해당되는 섭리다. 하나님은 원가지인 이스
라엘도 아끼시고 계시지만 원가지가 제 구실을 못하자 접붙임을 통해
하나님의 뜻에 따르는 모든 민족과 사람들을 선택해서 그리스도의 복
음을 전파하는 사역을 맡기고 계신다.

그중에서 한국 민족을 새 이스라엘로 택하셨다. 이런 창조신학적 주
장은 성경의 계시를 묵상하며 현실 세계를 잘 관찰해보면 알 수 있다.

많은 민족들이 하나님의 부르심에 의한 믿음의 접붙임을 거부하거나
미온적인 태도를 보이고 있거나 진화론에 현혹되고 물질 만능주의에 빠
져 그리스도의 복음에서 이탈해가고 있음을 우리는 현실에서 확인할 수
있다. 그 반면에 한국 민족은 그 어느 민족보다 믿음으로 새롭게 변화를
받고 성령 안에서 그리스도의 일꾼으로 활동하며 충성하고 있다.

성경은 접붙임을 한 한국 민족에게 "그러므로 하나님의 인자하심과
준엄하심을 보라 넘어지는 자들에게는 준엄하심이 있으니 너희가 만일
하나님의 인자하심에 머물러 있으면 그 인자가 너희에게 있으리라 그렇
지 않으면 너도 찍히는 바 되리라 그들도 믿지 아니하는 데 머무르지 아
니하면 접붙임을 받으리니 이는 그들을 접붙이실 능력이 하나님께 있음
이라(롬 11:22~23)"고 그 타당성을 설명하고 있다.

하나님의 뜻은 당초 선택했던 원가지 이스라엘 민족이 오신 예수 그

리스도를 배척하고 십자가에 달려 죽게 한 책임을 추궁하시는 것이 아니라 새로운 피조물로 부르심을 받은 민족에게 그리스도의 법에 의한 사명을 주셨다고 성경은 밝히고 있다.

하나님의 영광을 위해 접붙임으로 부르신 한국 민족에게 다시 새로운 사명을 주신 것이다. 오실 그리스도의 복음을 전파하는 믿음의 구심점이 될 새 예루살렘 성을 건설하고 온 누리의 구원받은 사람들을 장자의 총회에 모으는 사역을 감당하라는 것이다.

하나님은 오실 그리스도를 열망하며 고대하고 있는 한국 민족을 새 이스라엘로 선택하시고 한국 교회의 지도자들에게 새 예루살렘 성 건설에 나서라고 격려하고 계신다.

믿음의 고향 새 예루살렘 성

하나님은 새 예루살렘 성이 온 누리 사람들의 신앙 구심점이 되기를 원하고 계신다. 악한 세상을 변화시키려고 분투하고 있는 지도자에게 신앙의 구심점이 되는 믿음의 고향은 큰 힘이 될 것이다.

성경은 이 세상의 종말 때가 되면 적막하고 황폐했던 땅에 하나님의 성전이 굳게 서고 사람들이 많이 모여들어 좁아질 것이며 그리스도의 신부처럼 단장할 것(사 2:2~4, 18~19)이라고 밝히고 있다.

성경은 이 시대에 나타나고 있는 여러 징조로 볼 때 예비된 새 천국의 영광의 날을 소망하는 사람들을 위해 믿음의 구심점이 되는 새 예루살렘 성을 건설할 때가 되었다고 암시하고 있다.

하지만 한국 교회 지도자들이 새 예루살렘 성 건설에 나설 때 많은 난관이 도사리고 있을 것이다. 성경적인 명분을 요구하는 사람도 있을 것이다. 성경이 암시하는 뜻을 알기 어렵지만 살아 계신 하나님의 성전 새 예루살렘의 건설은 필연적인 사실임을 인정해야 하고 그 장소와 때와 부르심을 받은 사명자는 성령의 교훈으로 확인을 해야 할 것이다.

우리가 하나님과 함께 일하는 자로서 너희를 권하노니 하나님의 은혜를 헛되이 받지 말라 이르시되 내가 은혜 베풀 때에 너에게 듣고 구원의 날에 너를 도왔다 하셨으니 보라 지금은 은혜 받을 만한 때요 보라 지금은 구원의 날이로다 우리가 이 직분이 비방을 받지 않게 하려고 무엇에든지 아무에게도 거리끼지 않게 하고 오직 모든 일에 하나님의 일꾼으로 자천하여 많이 견디는 것과 환난과 궁핍과 고난과 매 맞음과 갇힘과 난동과 수고로움과 자지 못함과 먹지 못함 가운데서도 깨끗함과 지식과 오래 참음과 자비함과 성령의 감화와 거짓이 없는 사랑과 진리의 말씀과 하나님의 능력으로 의의 무기를 좌우에 가지고 영광과 욕됨으로 그러했으며 악한 이름과 아름다운 이름으로 그러했느니라 우리는 속이는 자 같으나 참되고 무명한 자 같으나 유명한 자요 죽은 자 같으나 보라 우리가 살아 있고 징계를 받는 자 같으나 죽임을 당하지 아니하고 근심하는 자 같으나 항상 기뻐하고 가난한 자 같으나 많은 사람을 부요하게 하고 아무 것도 없는 자 같으나 모든 것을 가진 자로다(고후 6:1~10).

성경은 지극히 작은 한국 교회의 지도자들을 격려하며 "그런즉 사랑하는 자들아 이 약속을 가진 우리는 하나님을 두려워하는 가운데서 거룩함을 온전히 이루어 육과 영의 온갖 더러운 것에서 자신을 깨끗하게 하자"(고후 7:1)라고 충고하고 있다.

영원한 새 나라를 예정하신 하나님께서는 이 세상을 사랑하시는 섭리를 한국 민족을 통해 이루시기를 원하시며 다가올 영광을 위한 복음을 전파하는 사명을 어떻게 감당하고 있는지 지켜보고 계신다. 한국 민족의 지도자들에게 복음으로 세상을 변화시켜 구원하는 그리스도의 영광에 동참할 기회를 주신 것이다.

새 예루살렘 성이 건설되는 날, 교회 지도자들은 "일어나라 빛을 발하라 이는 네 빛이 이르렀고 여호와의 영광이 네 위에 임하였음이니라 보라 어둠이 땅을 덮을 것이며 캄캄함이 만민을 가리려니와 오직 여호와께서 네 위에 임하실 것이며 그의 영광이 네 위에 나타나리니 나라들은 네 빛으로, 왕들은 비치는 네 광명으로 나아오리라 네 눈을 들어 사방을 보라 무리가 다 모여 네게로 오느니라 네 아들들은 먼 곳에서 오겠고 네 딸들은 안기어 올 것이라 그 때에 네가 보고 기쁜 빛을 내며 네 마음이 놀라고 또 화창하리니 이는 바다의 부가 네게로 돌아오며 이방 나라들의 재물이 네게로 옴이라"(사 60:1~5) 하시는 말씀을 실감하며 하나님께 영광을 드리게 될 것이다.

05
지도자가 가야 할 길

영적 지도자가 가는 길은 많은 문제와 난관을 돌파하며 나아가야 하는, 결코 쉽지 않은 길이다. 하나님의 성령의 법과 말씀을 잘 알아야 하고 또 믿음과 소망과 사랑을 마음에 새기고 실천해야 한다. 그렇기 때문에 낙타가 바늘귀를 통과해야 하는 것처럼 좁게 보인다.

그러나 영적 지도자의 길은 우주만큼 크고 넓고 무한한 가능성을 지니고 있다. 그리스도께서 인도하시고 성령이 돕고 계시기 때문에 눈에 보이는 열매보다 더 큰 유익이 있다. 어려움을 만나도 기도하며 지혜를 얻고 다시 새로운 생명의 길로 나아갈 수 있는 것이 바로 영적 지도자의 길이다.

반면 세상의 육적 지도자의 길은 인본주의 지도자가 만든 철학과 과학과 세속의 문화로 장식한 지도력에 의존하며, 자기 마음대로 능력을 발휘하고 유익과 명예를 얻기 위해 활동할 수 있는 넓은 무대처럼 보인다.

하지만 그 길을 가다가 독재를 만나고 교만과 탐욕과 음란을 친구 삼아 결국은 실패와 시행착오, 갈등의 늪에 빠져 멸망의 최후를 맞아 한탄하게 된다.

따라서 온전하신 지도자 예수 그리스도를 따르는 지도자는 야베스처럼 하나님께 아뢰어 "내게 복을 주시려거든 나의 지역을 넓히시고 주의 손으로 나를 도우사 나로 환난을 벗어나 내게 근심이 없게 하옵소서"라고 기도하며 바른 길로 나아가야 한다.

> 그들의 열매로 그들을 알지니 가시나무에서 포도를, 또는 엉겅퀴에서 무화과를 따겠느냐 이와 같이 좋은 나무마다 아름다운 열매를 맺고 못된 나무가 나쁜 열매를 맺나니 좋은 나무가 나쁜 열매를 맺을 수 없고 못된 나무가 아름다운 열매를 맺을 수 없느니라(마 7:16~18).

역사를 이끄는 지도자의 삶과 그 행적은 역사가 심판하도록 되어 있다. 최후의 판결은 예수 그리스도께서 하신다.

불행하게도 역사에 이름을 남긴 사람은 많았지만 아름다운 이름을 남긴 사람은 단 한 명도 없다. 간혹 역사의 평가에서 작은 칭찬을 받았다 해도 그들의 삶의 뒤안길을 들여다보면 허물이 너무나 많다는 것을 부인할 수 없다. 성경은 아름다운 열매를 맺지 아니하는 나무마다 찍어 불에 던진다고 지적하고, 지도자는 확실하게 임할 역사의 심판을 외면하지 말라고 충고하고 있다.

유명한 정치가와 정상에 오른 재벌들을 부러워하고 그들을 본받으려는 목표를 세우고 달리는 지도자들은 자신들이 생명과 멸망의 두 갈래 길 중 어떤 길을 가고 있는지 먼저 알아보고 그들을 따라가야 한다. 성공의 목적과 결과에 대해 무지하면 헛수고뿐만 아니라 세상의 비난과 조롱을 듣게 되고 더 무서운 것은 하나님의 야단을 맞게 될 것이기 때문이다.

> 그러므로 사람이 선을 행할 줄 알고도 행하지 아니하면 죄니라(약 4:17).

이기와 탐욕을 향하여 악하게 변하고 있는 세상 안에서 지나친 경쟁에 녹초가 된 지도자들은 누구로부터 위로를 받아야 할까 고민해야 한다.

하나님은 지금 슬기롭고 선한 지도자를 찾으시며 당신을 부르고 계신다. 선과 악, 사랑과 미움, 화평과 다툼이 공존하며 교차하고 있는 인간 사회 안에서 지도자의 역할이 더욱 커지고 있기 때문이다.

이 글을 읽고 있는 일부 지도자들은 나와 상관이 없는 허튼소리라고 무시하며 외면하기 전에 자신이 하나님의 뜻과 섭리 안에서 자유롭지 못하다는 것을 인식하고 겸손이 머리 숙여 자신을 돌이켜보아야 한다. 자신에게 맡겨진 생명의 사역을 보물을 찾듯이 캐내어 아름다운 열매를 맺기를 진심으로 기원한다.

> 여호와는 선하시고 정직하시니 그러므로 그의 도로 죄인들을 교훈하시리로다 온유한 자를 정의로 지도하심이여 온유한 자에게 그의 도를 가르치시리로다 여호와의 모든 길은 그의 언약과 증거를 지키는 자에게 인자와 진리로다(시 25:8~10).

APPENDIX
부록
지도자에게
지혜를 주는
성경 말씀

여호와를 경외하는 것이 지식의 근본이거늘 미련한 자는 지혜와 훈계를 멸시하느니라(잠 1:7).

나의 교훈을 받지 아니하고 나의 모든 책망을 업신여겼음이니라 그러므로 자기 행위의 열매를 먹으며 자기 꾀에 배부르리라 어리석은 자의 퇴보는 자기를 죽이며 미련한 자의 안일은 자기를 멸망시키려니와 오직 내 말을 듣는 자는 평안히 살며 재앙의 두려움이 없이 안전하리라(잠 1:30~33).

내 아들아 나의 법을 잊어버리지 말고 네 마음으로 나의 명령을 지키라 그리하면 그것이 네가 장수하여 많은 해를 누리게 하며 평강을 더하게 하리라 인자와 진리가 네게서 떠나지 말게 하고 그것을 네 목에 매며 네 마음판에 새기라 그리하면 네가 하나님과 사람 앞에서 은총과 귀중히 여김을 받으리라 너는 마음을 다하여 여호와를 신뢰하고 네 명철을 의지하지 말라 너는 범사에 그를 인정하라 그리하면 네 길을 지도하시리라(잠 3:1~6).

지혜를 얻은 자와 명철을 얻은 자는 복이 있나니 이는 지혜를 얻는 것이 은을 얻는 것보다 낫고 그 이익이 정금보다 나음이니라 지혜는 진주보다 귀하니 네가 사모하는 모든 것으로도 이에 비교할 수 없도다 그의 오른손에는 장수가 있고 그의 왼손에는 부귀가 있나니 그 길은 즐거운 길이요 그의 지름길은 다 평강이니라 지혜는 그 얻은 자에게 생명 나무라 지혜를 가진 자는 복되도다(잠 3:13~18).

내 아들아 네가 만일 이웃을 위하여 담보하며 타인을 위하여 보증하였으면 네 입의 말로 네가 얽혔으며 네 입의 말로 인하여 잡히게 되었느니라 내 아들아 네가 네 이웃의 손에 빠졌은즉 이같이 하라 너는 곧 가서 겸손히 네 이웃에게 간구하여 스스로 구원하되 네 눈을 잠들게 하지 말며 눈꺼풀을 감기게 하지 말고 노루가 사냥꾼의 손에서 벗어나는 것 같이, 새가 그물 치는 자의 손에서 벗어나는 것 같이 스스로 구원하라(잠 6:1~5).

여호와께서 미워하시는 것 곧 그의 마음에 싫어하시는 것이 예닐곱 가지이니 곧 교만한 눈과 거짓된 혀와 무죄한 자의 피를 흘리는 손과 악한 계교를 꾀하는 마음과 빨리 악으로 달려가는 발과 거짓을 말하는 망령된 증인과 및 형제 사이를 이간하는 자이니라(잠 6:16~19).

지혜 있는 자에게 교훈을 더하라 그가 더욱 지혜로워질 것이요 의로운 사람을 가르치라 그의 학식이 더하리라(잠 9:9).

훈계를 좋아하는 자는 지식을 좋아하거니와 징계를 싫어하는 자는 짐승과 같으니라(잠 12:1).

비천히 여김을 받을지라도 종을 부리는 자는 스스로 높은 체하고도 음식이 핍절한 자보다 나으니라(잠 12:9).

악인은 입술의 허물로 말미암아 그물에 걸려도 의인은 환난에서 벗어나느니라 사람은 입의 열매로 말미암아 복록에 족하며 그 손이 행하는 대로 자기가 받느니라 미련한 자는 자기 행위를 바른 줄로 여기나 지혜로운 자는 권고를 듣느니라(잠 12:13~15).

지혜로운 자와 동행하면 지혜를 얻고 미련한 자와 사귀면 해를 받느니라 재앙은 죄인을 따르고 선한 보응은 의인에게 이르느니라(잠 13:20~21).

매를 아끼는 자는 그의 자식을 미워함이라 자식을 사랑하는 자는 근실히 징계하느니라(잠 13:24).

미련한 자는 교만하여 입으로 매를 자청하고 지혜로운 자의 입술은 자기를 보전하느니라(잠 14:3).

마음의 경영은 사람에게 있어도 말의 응답은 여호와께로부터 나오느니라(잠 16:1).

너의 행사를 여호와께 맡기라 그리하면 네가 경영하는 것이 이루어지리라(잠 16:3).

사람이 마음으로 자기의 길을 계획할지라도 그의 걸음을 인도하시는 이는 여호와시니라(잠 16:9).

패역한 자는 다툼을 일으키고 말쟁이는 친한 벗을 이간하느니라 강포한 사람은 그 이웃을 꾀어 좋지 아니한 길로 인도하느니라 눈짓을 하는 자는 패역한 일을 도모하며 입술을 닫는 자는 악한 일을 이루느니라(잠 16:28~30).

뇌물은 그 임자가 보기에 보석 같은즉 그가 어디로 향하든지 형통하게 하느니라 허물을 덮어 주는 자는 사랑을 구하는 자요 그것을 거듭 말하는 자는 친한 벗을 이간하는 자니라(잠 17:8~9).

한 마디 말로 총명한 자에게 충고하는 것이 매 백 대로 미련한 자를 때리는 것보다 더욱 깊이 박히느니라(잠 17:10).

차라리 새끼 빼앗긴 암곰을 만날지언정 미련한 일을 행하는 미련한 자를 만나지 말 것이니라(잠 17:12).

다투는 시작은 둑에서 물이 새는 것 같은즉 싸움이 일어나기 전에 시비를 그칠 것이니라(잠 17:14).

사람의 마음의 교만은 멸망의 선봉이요 겸손은 존귀의 길잡이니라(잠 18:12).

노엽게 한 형제와 화목하기가 견고한 성을 취하기보다 어려운즉 이러한 다툼은 산성 문빗장 같으니라(잠 18:19).

사람은 입에서 나오는 열매로 말미암아 배부르게 되나니 곧 그의 입술에서 나는 것으로 말미암아 만족하게 되느니라 죽고 사는 것이 혀의 힘에 달렸나니 혀를 쓰기 좋아하는 자는 혀의 열매를 먹으리라(잠 18:20~21).

너그러운 사람에게는 은혜를 구하는 자가 많고 선물 주기를 좋아하는 자에게는 사람마다 친구가 되느니라 가난한 자는 그의 형제들에게도 미움을 받거든 하물며 친구야 그를 멀리 하지 아니하겠느냐 따라가며 말하려 할지라도 그들이 없어졌으리라(잠 19:6~7).

노하기를 맹렬히 하는 자는 벌을 받을 것이라 네가 그를 건져 주면 다시 그런 일이 생기리라 너는 권고를 들으며 훈계를 받으라 그리하면 네가 필경은 지혜롭게 되리라(잠 19:19~20).

거만한 자를 때리라 그리하면 어리석은 자도 지혜를 얻으리라 명철한 자를 견책하라 그리하면 그가 지식을 얻으리라(잠 19:25).

경영은 의논함으로 성취하나니 지략을 베풀고 전쟁할지니라 두루 다니
며 한담하는 자는 남의 비밀을 누설하나니 입술을 벌린 자를 사귀지 말
지니라(잠 20:18~19).

부자 되기에 애쓰지 말고 네 사사로운 지혜를 버릴지어다 네가 어찌 허
무한 것에 주목하겠느냐 정녕히 재물은 스스로 날개를 내어 하늘을 나
는 독수리처럼 날아가리라(잠 23:4~5).

지혜 있는 자는 강하고 지식 있는 자는 힘을 더하나니 너는 전략으로 싸
우라 승리는 지략이 많음에 있느니라(잠 24:5~6).

환난 날에 진실하지 못한 자를 의뢰하는 것은 부러진 이와 위골된 발 같
으니라(잠 25:19).

말에게는 채찍이요 나귀에게는 재갈이요 미련한 자의 등에는 막대기니라
(잠 26:3).

길로 지나가다가 자기와 상관 없는 다툼을 간섭하는 자는 개의 귀를 잡
는 자와 같으니라(잠 26:17).

남의 말 하기를 좋아하는 자의 말은 별식과 같아서 뱃속 깊은 데로 내려
가느니라(잠 26:22).

온유한 입술에 악한 마음은 낮은 은을 입힌 토기니라 원수는 입술로는
꾸미고 속으로는 속임을 품나니 그 말이 좋을지라도 믿지 말 것은 그 마
음에 일곱 가지 가증한 것이 있음이니라 속임으로 그 미움을 감출지라도
그의 악이 회중 앞에 드러나리라(잠 26:23~26).

범사에 기한이 있고 천하 만사가 다 때가 있나니 날 때가 있고 죽을 때
가 있으며 심을 때가 있고 심은 것을 뽑을 때가 있으며 죽일 때가 있고 치
료할 때가 있으며 헐 때가 있고 세울 때가 있으며 울 때가 있고 웃을 때
가 있으며 슬퍼할 때가 있고 춤출 때가 있으며 돌을 던져 버릴 때가 있고
돌을 거둘 때가 있으며 안을 때가 있고 안는 일을 멀리 할 때가 있으며 찾
을 때가 있고 잃을 때가 있으며 지킬 때가 있고 버릴 때가 있으며 찢을 때
가 있고 꿰맬 때가 있으며 잠잠할 때가 있고 말할 때가 있으며 사랑할 때
가 있고 미워할 때가 있으며 전쟁할 때가 있고 평화할 때가 있느니라 일
하는 자가 그의 수고로 말미암아 무슨 이익이 있으랴 하나님이 인생들에
게 노고를 주사 애쓰게 하신 것을 내가 보았노라(전 3:1~10).

두 사람이 한 사람보다 나음은 그들이 수고함으로 좋은 상을 얻을 것임
이라 혹시 그들이 넘어지면 하나가 그 동무를 붙들어 일으키려니와 홀로
있어 넘어지고 붙들어 일으킬 자가 없는 자에게는 화가 있으리라 또 두
사람이 함께 누우면 따뜻하거니와 한 사람이면 어찌 따뜻하랴 한 사람
이면 패하겠거니와 두 사람이면 맞설 수 있나니 세 겹 줄은 쉽게 끊어지
지 아니하느니라(전 4:9~12).

죽은 파리들이 향기름을 악취가 나게 만드는 것 같이 적은 우매가 지혜
와 존귀를 난처하게 만드느니라(전 10:1).

너는 네 떡을 물 위에 던져라 여러 날 후에 도로 찾으리라(전 11:1).

너는 아침에 씨를 뿌리고 저녁에도 손을 놓지 말라 이것이 잘 될는지, 저
것이 잘 될는지, 혹 둘이 다 잘 될는지 알지 못함이니라(전 11:6).

예수께서 이르시되 네 마음을 다하고 목숨을 다하고 뜻을 다하여 주 너

의 하나님을 사랑하라 하셨으니 이것이 크고 첫째 되는 계명이요 둘째도 그와 같으니 네 이웃을 네 자신 같이 사랑하라 하셨으니 이 두 계명이 온 율법과 선지자의 강령이니라(마 22:37~40).

십자가의 도가 멸망하는 자들에게는 미련한 것이요 구원을 받는 우리에게는 하나님의 능력이라 기록된 바 내가 지혜 있는 자들의 지혜를 멸하고 총명한 자들의 총명을 폐하리라 하였으니(고전 1:18~19).

이것이 곧 적게 심는 자는 적게 거두고 많이 심는 자는 많이 거둔다 하는 말이로다(고후 9:6).

자기의 육체를 위하여 심는 자는 육체로부터 썩어질 것을 거두고 성령을 위하여 심는 자는 성령으로부터 영생을 거두리라 우리가 선을 행하되 낙심하지 말지니 포기하지 아니하면 때가 이르매 거두리라 그러므로 우리는 기회 있는 대로 모든 이에게 착한 일을 하되 더욱 믿음의 가정들에게 할지니라(갈 6:8~10).

우리가 세상에 아무 것도 가지고 온 것이 없으매 또한 아무 것도 가지고 가지 못하리니 우리가 먹을 것과 입을 것이 있은즉 족한 줄로 알 것이니라 부하려 하는 자들은 시험과 올무와 여러 가지 어리석고 해로운 욕심에 떨어지나니 곧 사람으로 파멸과 멸망에 빠지게 하는 것이라 돈을 사랑함이 일만 악의 뿌리가 되나니 이것을 탐내는 자들은 미혹을 받아 믿음에서 떠나 많은 근심으로써 자기를 찔렀도다 오직 너 하나님의 사람아 이것들을 피하고 의와 경건과 믿음과 사랑과 인내와 온유를 따르며 믿음의 선한 싸움을 싸우라 영생을 취하라 이를 위하여 네가 부르심을 받았고 많은 증인 앞에서 선한 증언을 하였도다(딤전 6:7~12).

영혼 없는 몸이 죽은 것 같이 행함이 없는 믿음은 죽은 것이니라(약 2:26).

우리가 사랑함은 그가 먼저 우리를 사랑하셨음이라 누구든지 하나님을 사랑하노라 하고 그 형제를 미워하면 이는 거짓말하는 자니 보는 바 그 형제를 사랑하지 아니하는 자는 보지 못하는 바 하나님을 사랑할 수 없느니라(요일 4:19~20).